これさえ読《よ》めばだいたいわかる

相撲《すもう》のルール

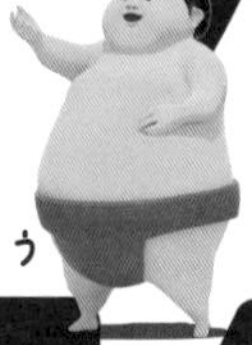

超《ちょう》初《しょ》級《きゅう》編《へん》

feat. Kishiboy

著：中野良一・木谷友亮
キャラクターデザイン：荒川潤一

ベースボール・マガジン社

はじめに

相撲《すもう》は、力《ちから》くらべから自然《しぜん》に生《う》まれた伝統《でんとう》あるスポーツです。また、古《ふる》くから神事《しんじ》としても行《おこな》われていました。神事《しんじ》とは、神様《かみさま》に何《なに》かをお願《ねが》いすることです。平和《へいわ》でもいいし、良《よ》い天気《てんき》でもいいのですが、相撲《すもう》の場合《ばあい》は、神様《かみさま》に「豊作《ほうさく》」をお願《ねが》いするものとして広《ひろ》がっていったようです。それらが一緒《いっしょ》になって、今《いま》のような相撲《すもう》の形《かたち》になりました。相撲《すもう》はアマチュアスポーツとしても行《おこな》われていますが、この本《ほん》では主《おも》にプロの世界《せかい》の相撲《すもう》（大相撲《おおずもう》）のルールを説明《せつめい》していきます。そして、他《ほか》の競技《きょうぎ》にはない所作《しょさ》やしきたりなどが沢山《たくさん》あるのも相撲《すもう》の特徴《とくちょう》です。そういう伝統文化的《でんとうぶんかてき》なものも、ざっくりとルールとしてまとめています。相撲《すもう》にくわしい方《かた》からは「あれもこれも入《はい》ってないじゃないか！」と言《い》われるかもしれません。ですが、この本《ほん》は、超《ちょう》・初級編《しょきゅうへん》として「相撲《すもう》のルールがだいたいわかる」ことを目指《めざ》してますので、どうか温《あたた》かい目《め》で読《よ》んでいただければうれしいです。この本《ほん》に登場《とうじょう》する太《ふと》っちょのキャラクター『キシボーイ』とともに、相撲《すもう》についてちょっとくわしくなって、興味《きょうみ》を持《も》ってもらえればと思《おも》います。

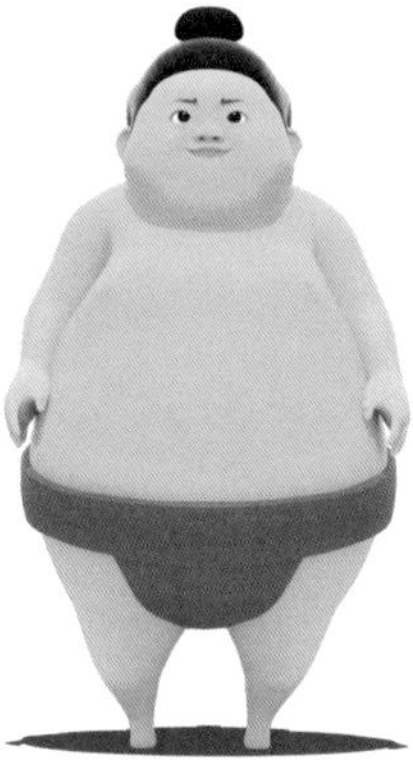

ルールの伝《でん》道《どう》師《し》　キシボーイ

もくじ

はじめに……2
第《だい》1章《しょう》　相撲《すもう》とは……7
第《だい》2章《しょう》　相撲《すもう》の技《わざ》……33

第《だい》3章《しょう》　お相撲《すもう》さん……51

第《だい》4章《しょう》　相撲《すもう》の所作《しょさ》……75

第《だい》5章《しょう》　素朴《そぼく》な疑問《ぎもん》……85

―　おわりに……102

第《だい》1章《しょう》

相撲《すもう》とは

ここでは、ざっくりと相撲《すもう》とは何《なに》か？
を説明《せつめい》していきます。

相撲《すもう》は、
円《えん》形《けい》の試《し》合《あい》場《じょう》で
1対《たい》1で戦《たたか》う
競《きょう》技《ぎ》です。

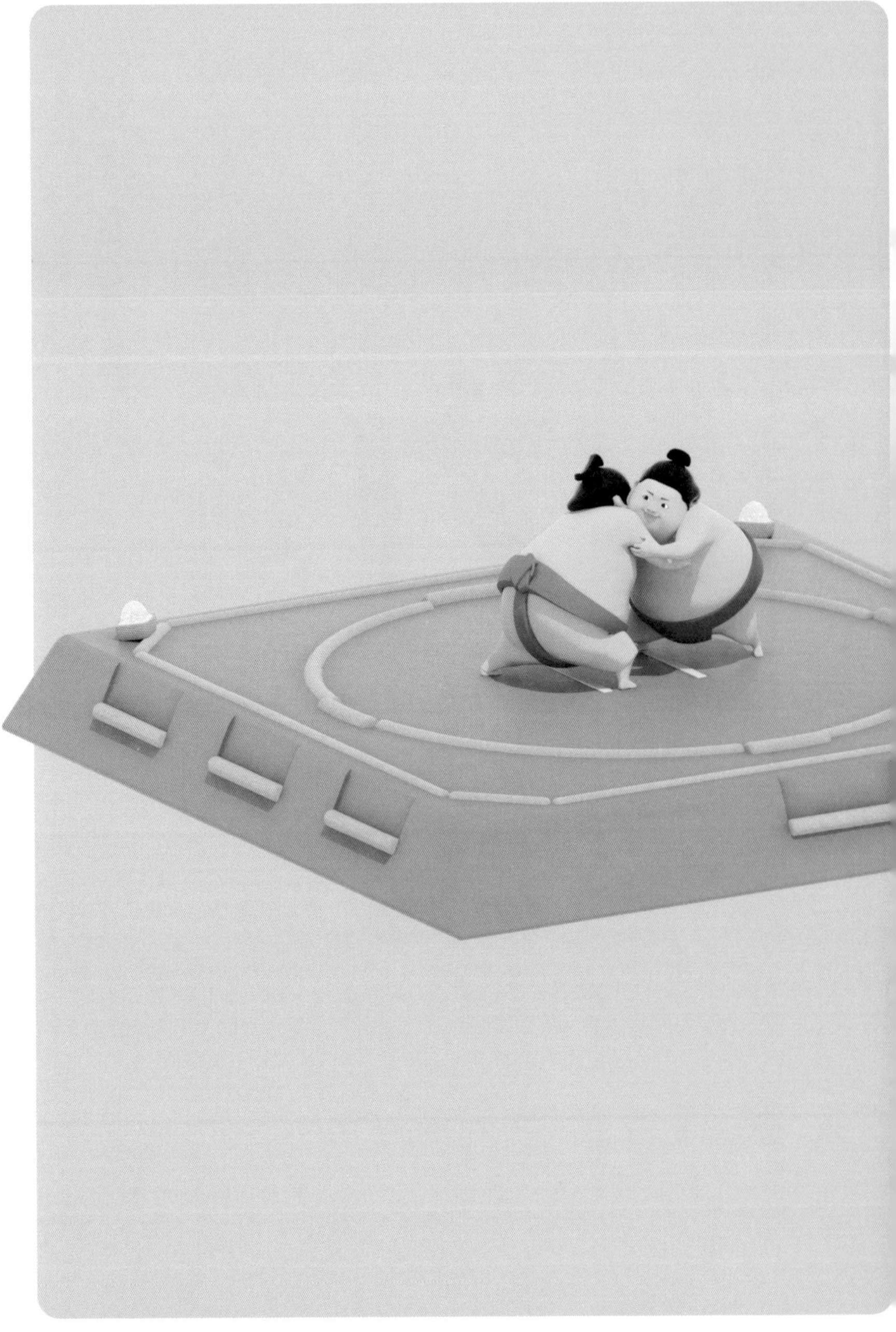

相撲《すもう》をする人《ひと》

力士《りきし》

相撲《すもう》をするプロのことを力士《りきし》と呼《よ》びます。身長《しんちょう》も体重《たいじゅう》も大《おお》きな人《ひと》が多《おお》く、マゲと呼《よ》ばれる髪型《かみがた》が特徴《とくちょう》です。また、親《した》しみをこめて「お相撲《すもう》さん」と呼《よ》ぶこともあります。ちなみに、英語《えいご》では「スモウレスラー」です。

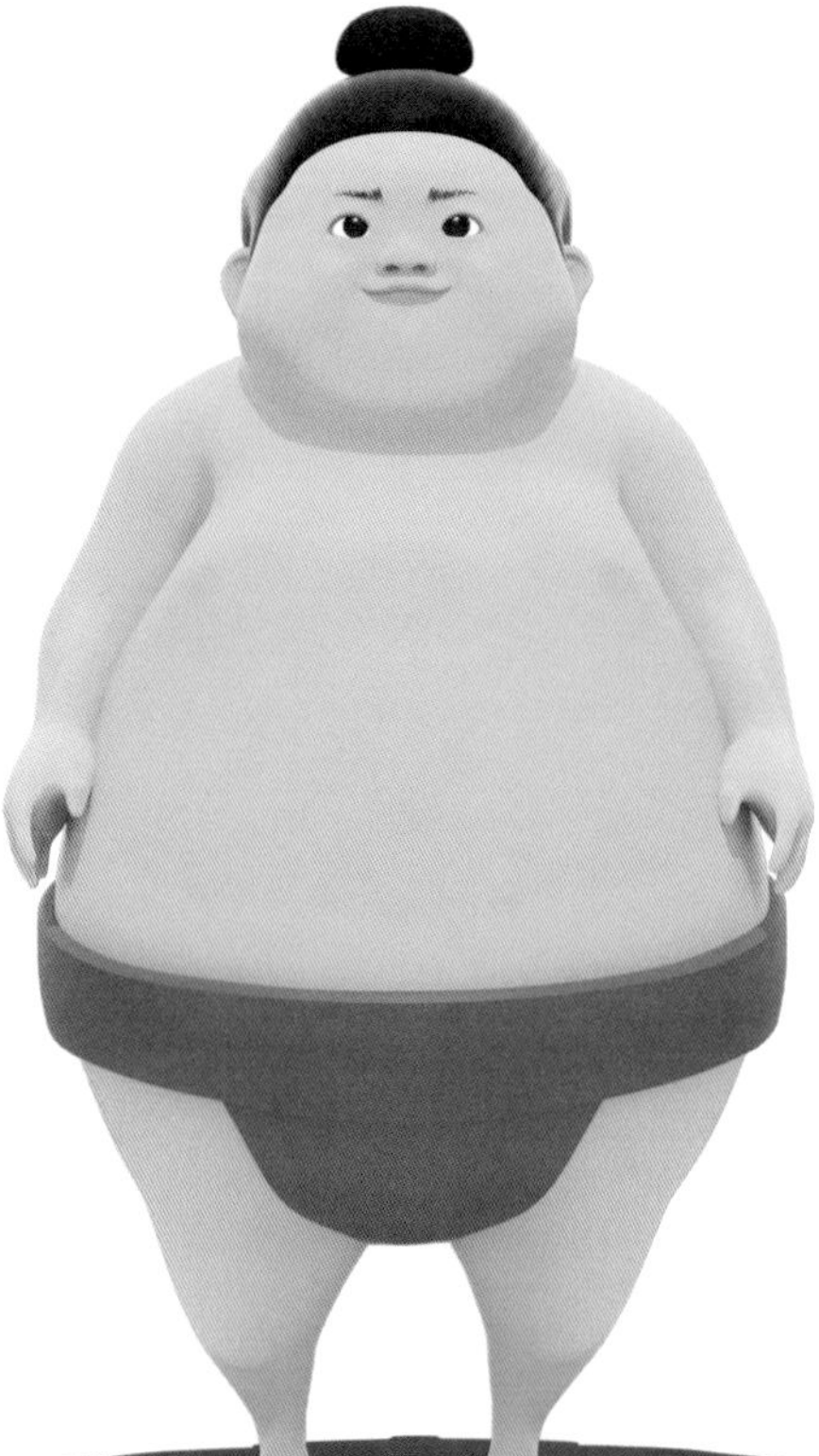

使《つか》うもの

まわし

相撲《すもう》は、防具《ぼうぐ》も付《つ》けずからだひとつで戦《たたか》うものです。しかし素《す》っ裸《ぱだか》でやるわけにもいきませんので、『まわし』と呼《よ》ばれる硬《かた》い布《ぬの》を巻《ま》いて、大事《だいじ》なところを隠《かく》します。ちなみに、まわしには練習用《れんしゅうよう》と試合用《しあいよう》があります。

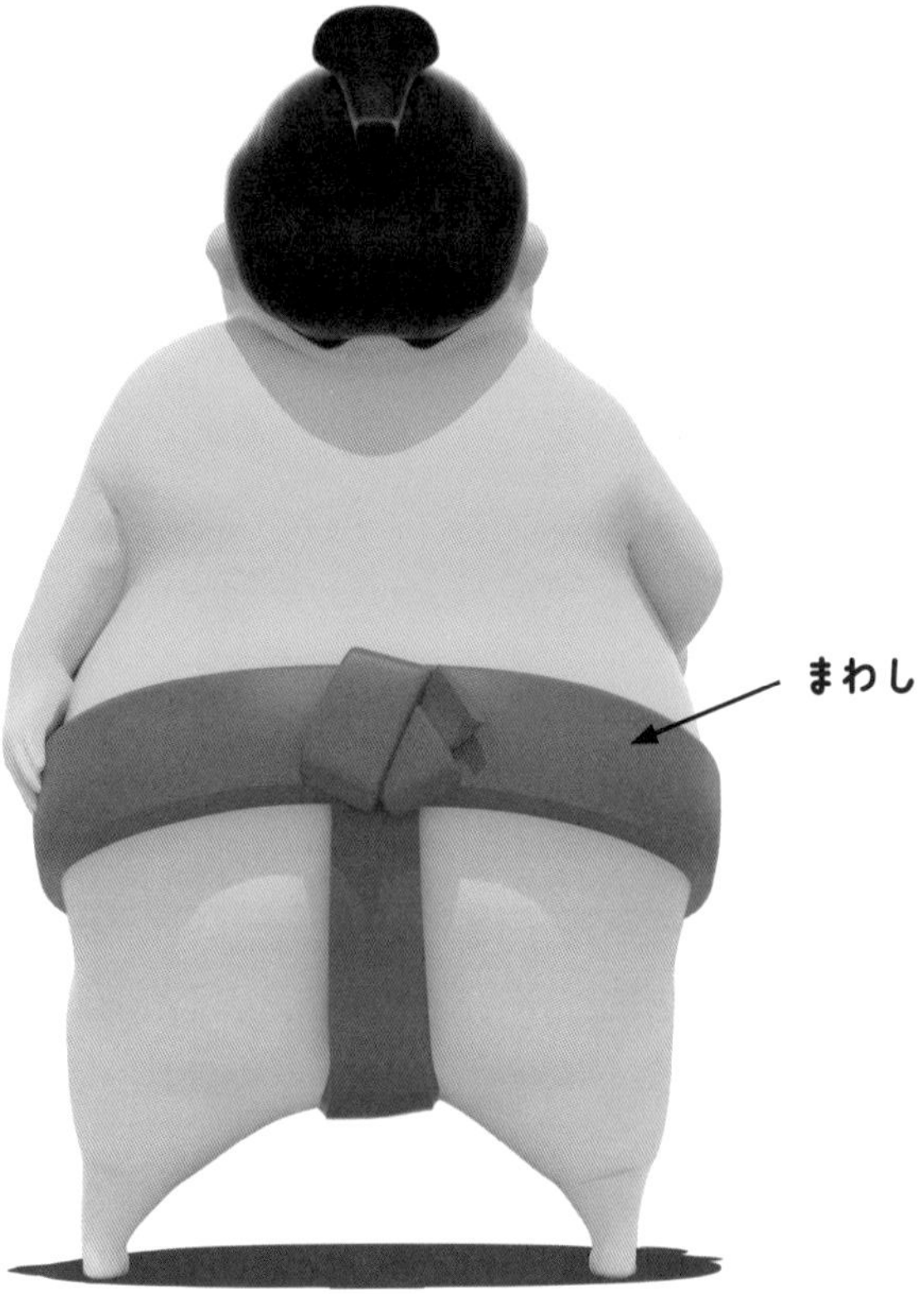

まわしの長《なが》さは6mから10m

相撲《すもう》をする場所《ばしょ》

土《ど》俵《ひょう》

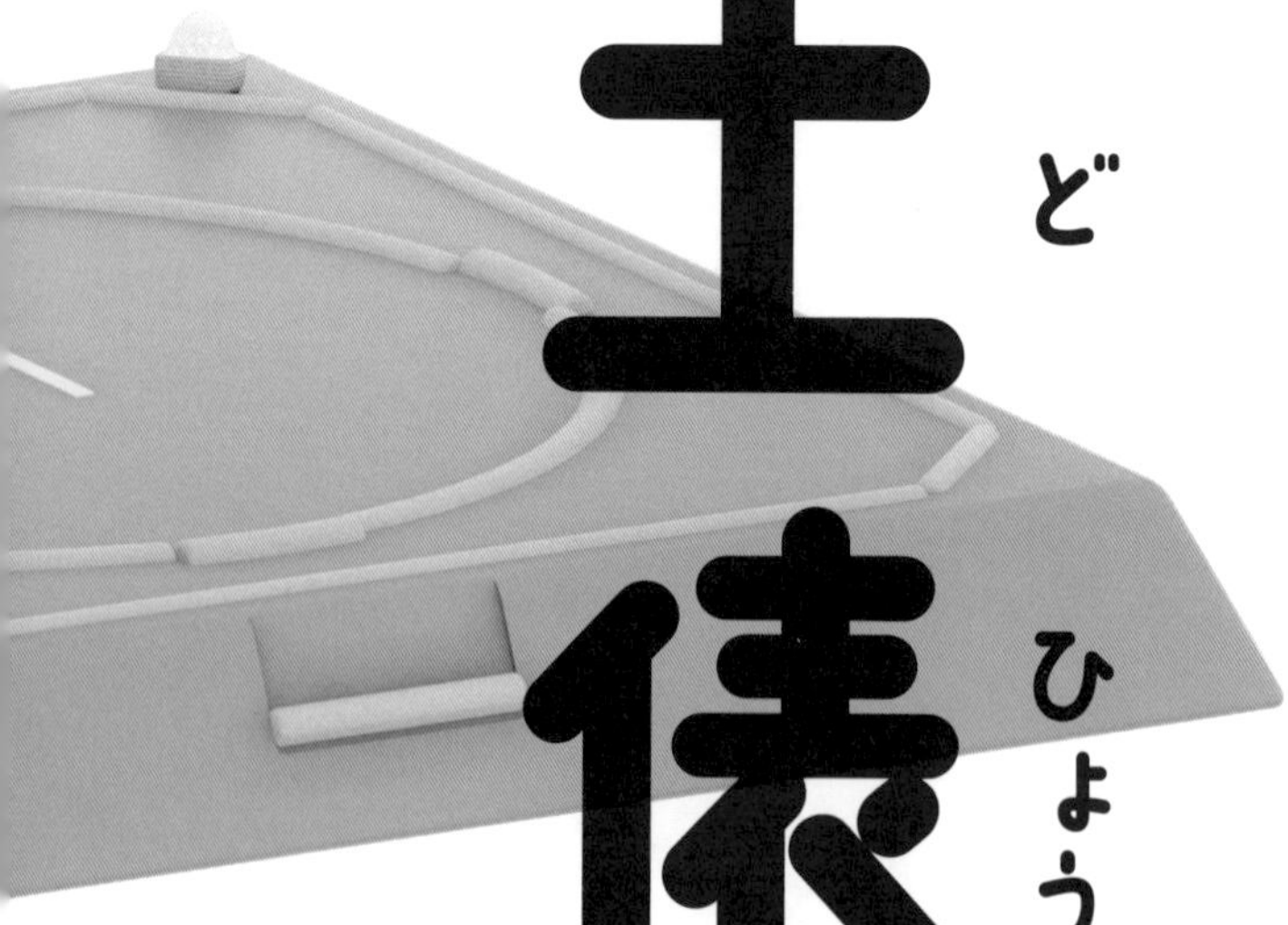

直《ちょっ》径《けい》4.5mの円《えん》。

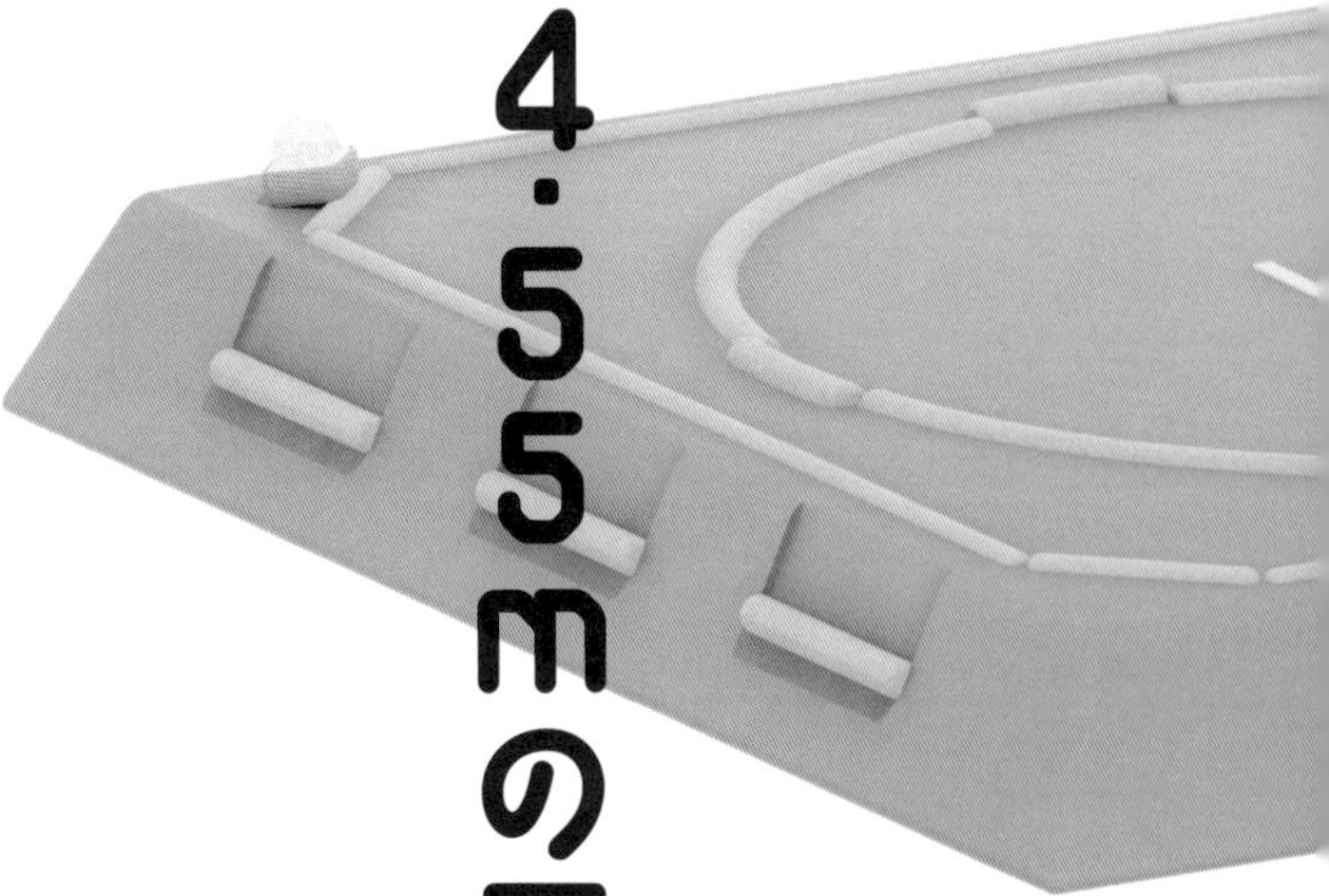

土俵《どひょう》の大《おお》きさは、ボクシングなどのリングよりも小《ちい》さく、部屋《へや》の大《おお》きさでいうと10帖《じょう》くらい。大柄《おおがら》な力《りき》士《し》二《ふた》人《り》がリビングルームで戦《たたか》っているところを想像《そうぞう》してみてください。めちゃくちゃ狭《せま》いと言《い》えるんじゃないでしょうか。ちなみに、土俵《どひょう》は土《つち》を固《かた》めて作《つく》ります。

勝敗《しょうはい》のつき方《かた》 1

土俵《どひょう》の中《なか》で相手《あいて》を倒《たお》す

土《ど》俵《ひょう》の中《なか》では、相《あい》手《て》よりも先《さき》に、「足《あし》のうら」以《い》外《がい》を着《つ》けてはいけません。ですので、相《あい》手《て》を押《お》し倒《たお》したり、投《な》げたりして、相《あい》手《て》のからだの一《いち》部《ぶ》を地《じ》面《めん》に触《ふ》れさせることができたら勝《か》ちです。

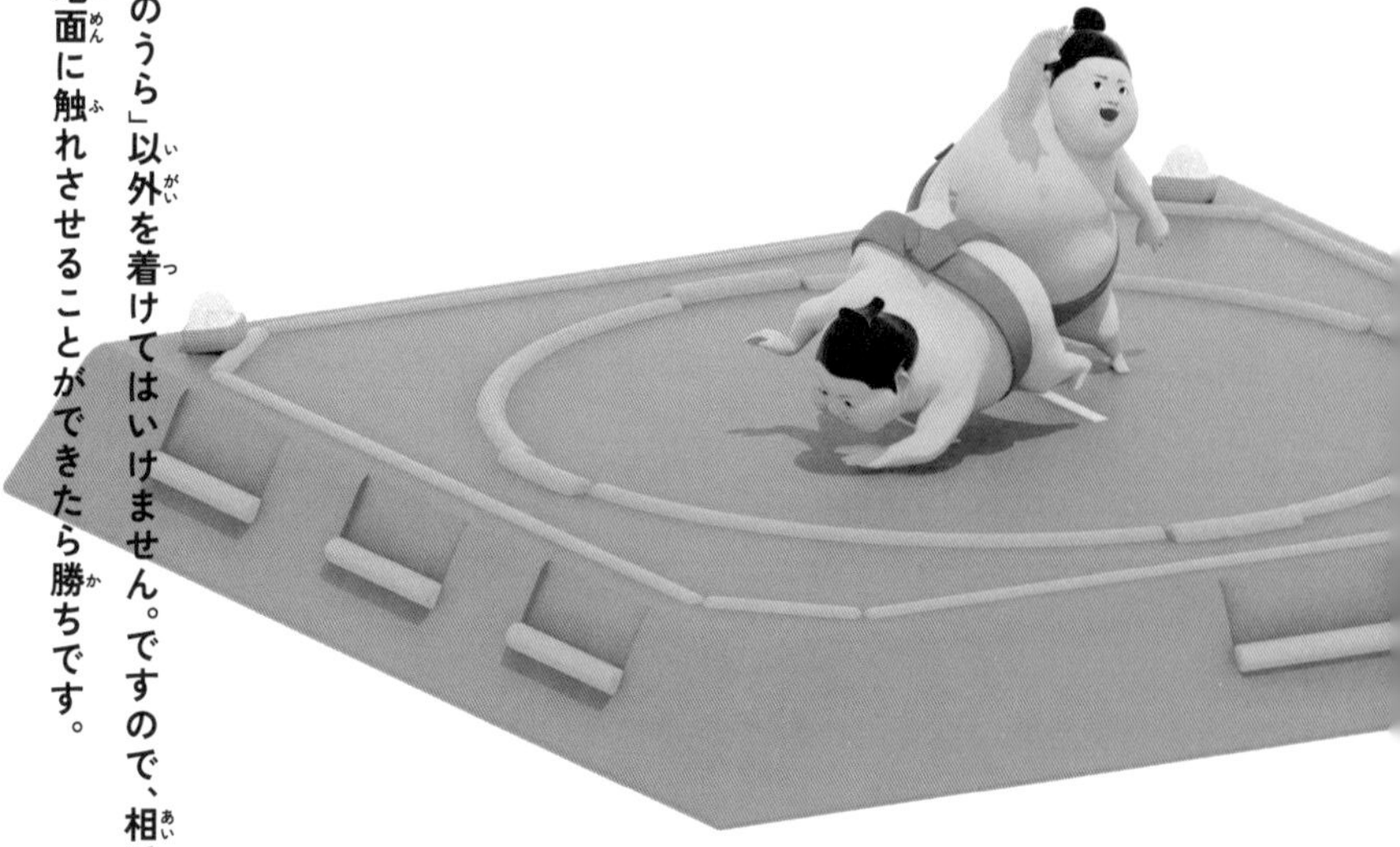

勝《しょう》敗《はい》のつき方《かた》 2

土《ど》俵《ひょう》の外《そと》に相《あい》手《て》を出《だ》す

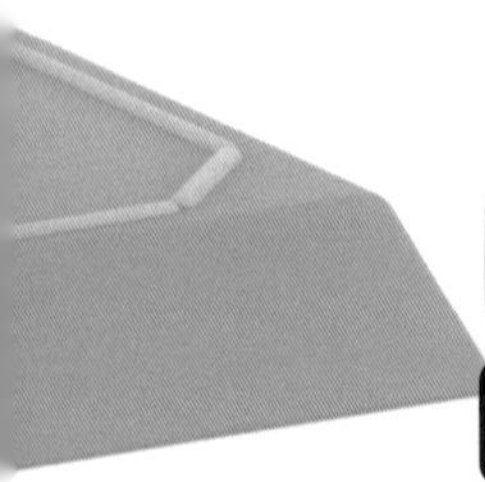

土俵《どひょう》の外《そと》では、「足《あし》のうら」も含《ふく》めて、相手《あいて》よりも先《さき》にからだの一部《いちぶ》が地面《じめん》に着《つ》いたら負《ま》けです。ちなみに、足《あし》が空中《くうちゅう》であれば、土俵《どひょう》の外《そと》にあってもまだ大丈夫《だいじょうぶ》。足《あし》や、からだの一部《いちぶ》が地面《じめん》に着《つ》いた時点《じてん》で勝敗《しょうはい》が決《き》まります。

勝敗《しょうはい》のつき方《かた》 3

暴《ぼう》力《りょく》行《こう》為《い》

パンチや、目《め》などへの急所攻撃《きゅうしょこうげき》は反則負《はんそくま》けになります。

張《は》り手《て》はOK

大相撲《おおずもう》では、手《て》の平《ひら》を相手《あいて》の顔《かお》などに打《う》ちつけるビンタはOKです。すごく痛《いた》いです。

勝《しょう》敗《はい》のつき方《かた》 4

マゲをつかむ

力士《りきし》のシンボルである大事《だいじ》なマゲをつかんではいけません。つかんだら反則《はんそく》負《ま》けになります。

勝《しょう》敗《はい》のつき方《かた》 5

まわしが脱《ぬ》げる

だからと言《い》って、
無《む》理《り》に脱《ぬ》がせたら
反《はん》則《そく》負《ま》けです。

時《じ》間《かん》無《む》制《せい》限《げん》

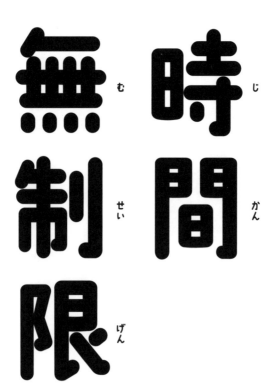

長《なが》すぎる場合《ばあい》は、
途中《とちゅう》で「水入《みずい》り」と呼《よ》ばれる
休憩《きゅうけい》があります。

相撲《すもう》の勝負《しょうぶ》は一瞬《いっしゅん》で決《き》まることが多《おお》く大体《だいたい》が10秒《びょう》以内《いない》ですが、たまになかなか勝負《しょうぶ》が決《き》まらず、力士《りきし》の動《うご》きが止《と》まることがあります。そういう時《とき》には「水入《みずい》り」となり、しばらく休《やす》んだあとに同《おな》じ体勢《たいせい》に組《く》み直《なお》して再開《さいかい》します。

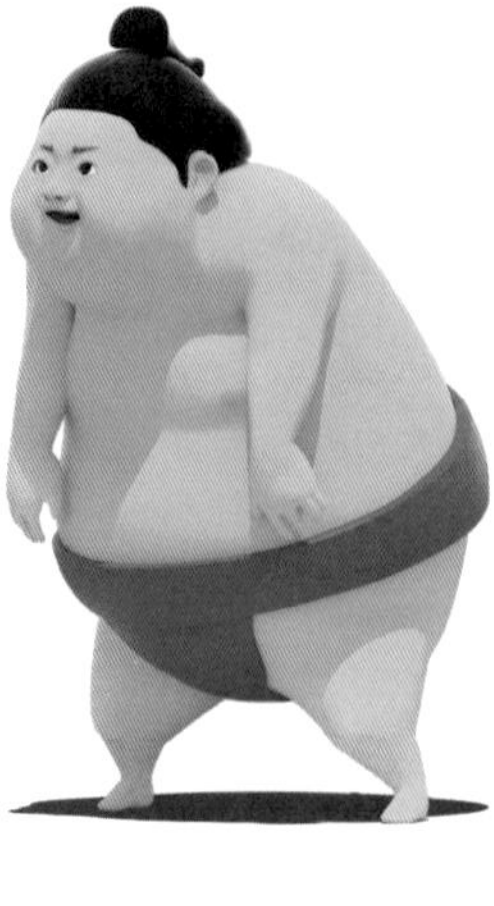

歴代《れきだい》最長《さいちょう》記録《きろく》は32分《ふん》

体《たい》重《じゅう》無《む》制《せい》限《げん》

小《ちい》さい人《ひと》が大《おお》きい人《ひと》を投《な》げ飛《と》ばす。相撲《すもう》の魅力《みりょく》のひとつです。

相撲《すもう》は、他《ほか》の格闘技《かくとうぎ》や武道《ぶどう》と異《こと》なり、体重《たいじゅう》ごとに階級《かいきゅう》が分《わ》かれず、体格差《たいかくさ》のある力士同士《りきしどうし》の試合《しあい》もあります。しかし、「小《しょう》よく大《だい》を制《せい》す」という言葉《ことば》があるように、しばしば小《ちい》さい力士《りきし》が大《おお》きな力士《りきし》を投《な》げ飛《と》ばすこともあり、それが相撲《すもう》の魅力《みりょく》にもなっています。

＊アマチュア相撲《ずもう》の世界大会《せかいたいかい》などでは、体重別《たいじゅうべつ》の試合《しあい》があります。

行司《ぎょうじ》

勝敗《しょうはい》を決《き》める人《ひと》

大相撲《おおずもう》で、取組《とりくみ》の進行《しんこう》や勝敗《しょうはい》を決《き》める人《ひと》を、「行司《ぎょうじ》」と呼《よ》びます。他《ほか》のスポーツの審判《しんぱん》のような存在《そんざい》ですが、勝敗《しょうはい》を決《き》めるだけでなく、「のこったのこった（両者《りょうしゃ》土俵《どひょう》に残《のこ》っている＝勝負《しょうぶ》は決《き》まってないよという意《い》味《み》です）」などの掛《か》け声《ごえ》をかけながら、力士《りきし》たちの戦《たたか》いを促《うなが》したり、力士《りきし》のまわしが緩《ゆる》めば、それを締《し》め直《なお》したり、勝負《しょうぶ》がなかなか決《き》まらない時《とき》は「水入《みずい》り」を伝《つた》えて休憩《きゅうけい》させたりと、やることがいっぱいあります。そして、行司《ぎょうじ》には、力士《りきし》と同《おな》じように位《くらい》があります。最上位《さいじょうい》の行司《ぎょうじ》のことを「立行司《たてぎょうじ》」と言《い》います。その日《ひ》の最《さい》後《ご》の取組《とりくみ》（結《むす》びの一番《いちばん》）を進行《しんこう》するのも立行司《たてぎょうじ》です。この立行司《たてぎょうじ》の衣装《いしょう》に注目《ちゅうもく》してみてください。烏帽子《えぼし》という帽子《ぼうし》を被《かぶ》り、立派《りっぱ》な着物《きもの》を着《き》ているだけではなく、右腰《みぎこし》に印籠《いんろう》を下《さ》げて、左腰《ひだりこし》には短刀《たんとう》をさしてます。短《たん》刀《とう》には「判定《はんてい》を間違《まちが》えたら、切腹《せっぷく》する」という覚悟《かくご》が表現《ひょうげん》されているそうです。

相撲《すもう》ふむふむノート①

相撲《すもう》は、いつ始《はじ》まった？

相撲《すもう》は「古事記《こじき》」という、とても古《ふる》い本《ほん》の中《なか》に出《で》てくることから、１５００年以上《ねんいじょう》も前《まえ》からあったと言《い》われています。戦国時代《せんごくじだい》には武士《ぶし》のトレーニングとしても盛《さか》んに行《おこな》われたようです。そして、今《いま》のようにお客《きゃく》さんを入《い》れて見《み》せるような大相撲《おおずもう》になったのは、江戸時代《えどじだい》からと言《い》われています。

しかし、そもそもなんでお相撲《すもう》さんは裸《はだか》で戦《たたか》うのでしょうか？ それは、豊作《ほうさく》を神様《かみさま》に祈《いの》るために神事《しんじ》として相撲《すもう》をするからだと言《い》われています。神様《かみさま》の前《まえ》では武器《ぶき》を持《も》って戦《たたか》うことは失礼《しつれい》だということで裸《はだか》で戦《たたか》い、それが相撲《すもう》になったのではないかという説《せつ》があるそうです。ちなみに、裸《はだか》で戦《たたか》う競技《きょうぎ》は日本以外《にほんいがい》でもあったようです。古代《こだい》のオリンピックでも、選手《せんしゅ》たちがズルをしないために全裸《ぜんら》で行《おこな》ったんだとか。とにかく、神事《しんじ》として発展《はってん》してきた相撲《すもう》は、今《いま》でもその文化《ぶんか》を大切《たいせつ》に守《まも》っています。

例《たと》えば、土俵《どひょう》の中《なか》。土俵《どひょう》の真《ま》ん中《なか》には実《じつ》は穴《あな》があります。その中《なか》には、勝栗《かちぐり》など縁起《えんぎ》ものとされる6つのお供《そな》えものが入《はい》っていて、御神酒《ごしんしゅ》を注《そそ》いだ後《あと》で、穴《あな》を埋《う》めているのです。

そして、もうひとつ。なぜお相撲《すもう》さんだけちょんまげをしてるのか？　大相撲《おおずもう》が始《はじ》まった江戸《えど》時代《じだい》は、お相撲《すもう》さんに限《かぎ》らず多《おお》くの男《おとこ》の人《ひと》がちょんまげをしていました。ところが、明治《めいじ》時《じ》代《だい》になると、近代化《きんだいか》を進《すす》めるために、西洋《せいよう》の人々《ひとびと》のような髪型《かみがた》にしようと、「ちょんまげするのは禁止《きんし》！」という法律《ほうりつ》ができました。でも、相撲《すもう》は伝統文化《でんとうぶんか》であり、ちょんまげは、裸《はだか》やまわし同様《どうよう》、相撲《すもう》の大事《だいじ》な個性《こせい》だよね。ということで、お相撲《すもう》さんだけちょんまげを続《つづ》けることを許《ゆる》されたのです。

相撲《すもう》の歴史《れきし》を振《ふ》り返《かえ》ると、スポーツであり、文化《ぶんか》である相撲《すもう》の奥深《おくぶか》さが見《み》えてきますね。

行司《ぎょうじ》さんが手《て》に持《も》ってるやつ

軍配《ぐんばい》

軍配《ぐんばい》は、行司《ぎょうじ》が手《て》にしている道具《どうぐ》で、取組《とりくみ》の進行《しんこう》や判定《はんてい》に使《つか》うものです。「軍配《ぐんばい》があがる」という言葉《ことば》がありますが、これは、勝《か》った力士《りきし》の方《ほう》に軍配《ぐんばい》をあげて、勝負《しょうぶ》が決《き》まったことを示《しめ》す言葉《ことば》です。ちなみに、代々《だいだい》受《う》け継《つ》がれたものが使われる場合もあり、なんと200年《ねん》モノの軍配《ぐんばい》が使《つか》われることもあるそうです。

第《だい》2章《しょう》

相撲《すもう》の技《わざ》

勝《か》ち負《ま》けを決《き》めた技《わざ》「決《き》まり手《て》」などをご紹介《しょうかい》します。

決《き》まり手《て》

勝《しょう》敗《はい》を決《き》めた技《わざ》

しかけた力士《りきし》によって勝《か》ちが決《き》まった時《とき》の技《わざ》を「決《き》まり手《て》」と呼《よ》びます。現在《げんざい》は全部《ぜんぶ》で八十二手《はちじゅうにて》と決《き》められています。

相撲《すもう》の技《わざ》の基本《きほん》は、相手《あいて》の体勢《たいせい》（バランス）を崩《くず》すことです。相手《あいて》の上体《じょうたい》を起《お》こして力《ちから》が入《はい》らないようにしたり、投《な》げを打《う》って、片足立《かたあしだ》ちの状態《じょうたい》にしてみたり。そうしてバランスを崩《くず》すことで、相手《あいて》を倒《たお》したり、土俵《どひょう》の外《そと》に出《だ》したりすることができるのです。

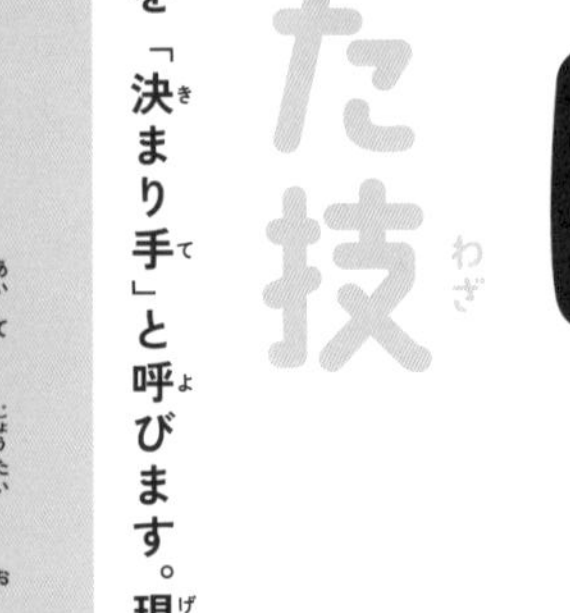

代表的《だいひょうてき》な決《き》まり手《て》 その1

し

手《て》

押《お》し出《だ》

現《げん》在《ざい》、一《いち》番《ばん》多《おお》い決《き》ま

両《りょう》手《て》または片《かた》手《て》を
相《あい》手《て》のわきの下《した》や胸《むね》などに当《あ》て、
土《ど》俵《ひょう》の外《そと》に出《だ》して勝《か》つこと。

り

た

手《て》

代表的《だいひょうてき》な決《き》まり手《て》 その2

寄《よ》り切《き》

大《だい》横《よこ》綱《づな》たちも得《とく》意《い》と

相撲《すもう》の基《き》本《ほん》の決《き》ま

相《あい》手《て》にからだを密《みっ》着《ちゃく》させて、
前《まえ》か横《よこ》に進《すす》んで土《ど》俵《ひょう》の外《そと》に
出《だ》して勝《か》つこと。

ザ

代表的《だいひょうてき》な決《き》まり手《て》 その3

ばし

上《うわ》手《て》投《な》

相《あい》手《て》を豪《ごう》快《かい》に投《な》げ

会《かい》場《じょう》も大《おお》盛《も》り上《あ》が

相《あい》手《て》の差《さ》し手《て》の上《うえ》（上《うわ》手《て》）から
まわしを取《と》って投《な》げて勝《か》つこと
右《みぎ》上《うわ》手《て》から投《な》げれば
「右《みぎ》からの上《うわ》手《て》投《な》げ」と言《い》います。

その他《ほか》の代《だい》表《ひょう》的《てき》な決《き》まり手《て》

下《した》手《て》投《な》げ

相《あい》手《て》の腕《うで》の下《した》からまわしを取《と》って、
相《あい》手《て》を投《な》げる技《わざ》

小《こ》手《て》投《な》げ

自《じ》分《ぶん》の脇《わき》の下《した》に入《はい》った相《あい》手《て》の腕《うで》を
抱《かか》え込《こ》んで、投《な》げる技《わざ》

すくい投《な》げ

自《じ》分《ぶん》の腕《うで》を相《あい》手《て》の脇《わき》の下《した》に入《い》れて、投《な》げる技《わざ》

上《うわ》手《て》出《だ》し投《な》げ

上《うわ》手《て》投《な》げにいくときに、体《からだ》をひらくように足《あし》を引《ひ》いて
相《あい》手《て》を前《まえ》に倒《たお》す技《わざ》

下《した》手《て》出《だ》し投《な》げ

下《した》手《て》投《な》げにいくときに、体《からだ》をひらくように
足《あし》を引《ひ》いて相《あい》手《て》を前《まえ》に倒《たお》す技《わざ》

突《つ》き落《お》とし

片《かた》手《て》で相《あい》手《て》の肩《かた》や背《せ》中《なか》などをついて斜《なな》め下《した》に落《お》とす技《わざ》

寄《よ》り倒《たお》し

相《あい》手《て》に体《からだ》を密《みっ》着《ちゃく》させ、前《まえ》や横《よこ》に進《すす》んで倒《たお》す技《わざ》

押《お》し倒《たお》し

両《りょう》手《て》または片《かた》手《て》を相《あい》手《て》のわきの下《した》や胸《むね》などに当《あ》てて、
相《あい》手《て》を倒《たお》す技《わざ》

送《おく》り出《だ》し

相《あい》手《て》の後《うし》ろに回《まわ》り込《こ》んで、押《お》して土《ど》俵《ひょう》の外《そと》に出《だ》す技《わざ》

突《つ》き出《だ》し

腕《うで》に力《ちから》を入《い》れて伸《の》ばしながら、相《あい》手《て》の顔《かお》や胸《むね》を
はじくようにして土《ど》俵《ひょう》の外《そと》に出《だ》す技《わざ》

意外《いがい》な勝負《しょうぶ》の決《き》まり方《かた》 1

勇《いさ》み足《あし》

相手《あいて》を土俵《どひょう》の外《そと》まで出《だ》しそうなのに、勢《いきお》い余《あま》って先《さき》に自分《じぶん》の足《あし》の裏《うら》を土俵《どひょう》の外《そと》に着《つ》けてしまうこと。ほとんど勝《か》っていたのに負《ま》けてしまった、とてもやるせない決《き》まり方《かた》。

意《い》外《がい》な勝《しょう》負《ぶ》の決《き》まり方《かた》 2

腰《こし》砕《くだ》け

相手《あいて》が技《わざ》をかけてないのに、自《みずか》ら体勢《たいせい》を崩《くず》し倒《たお》れて負《ま》けること。力士《りきし》自身《じしん》も観客《かんきゃく》もキョトンとなる決《き》まり方《かた》です。

相《あい》手《て》をびっくりさせる技《わざ》

相撲《すもう》には体《たい》重《じゅう》制《せい》限《げん》がなく、大《おお》きな力士《りきし》のほうが有利《ゆうり》なので小柄《こがら》な力士《りきし》は、さまざまな工夫《くふう》をします。ここでは、その工夫《くふう》の中《なか》から、相手《あいて》をびっくりさせて、その隙《すき》に攻《せ》めるおもしろい技《わざ》をふたつご紹介《しょうかい》します。

びっくり作《さく》戦《せん》 1

猫《ねこ》だまし

立《た》ち合《あ》い直後《ちょくご》に、相手《あいて》の目《め》の前《まえ》でパチンと手《て》を叩《たた》き、びっくりさせる技《わざ》です。成功《せいこう》すれば、隙《すき》をついて攻《せ》めることができます。失敗《しっぱい》すれば、あっという間《ま》に負《ま》ける可能性《かのうせい》が高《たか》い、一《いち》か八《ばち》かの技《わざ》です。

びっくり作戦《さくせん》 ②

はっそう飛《と》び

立《た》ち合《あ》い直後《ちょくご》に、横《よこ》に大《おお》きく飛《と》び上《あ》がり、突進《とっしん》してくる相手《あいて》をかわして後《うし》ろに回《まわ》り込《こ》む技《わざ》です。相手《あいて》が目《め》の前《まえ》から急《きゅう》にいなくなるので、すごくびっくりするようです。小柄《こがら》な力士《りきし》が自分《じぶん》よりも大《おお》きな力士《りきし》と戦《たたか》う時《とき》、繰《く》り出《だ》すことがあるようです。

相撲《すもう》ふむふむノート②

からだが大《おお》きくないと相撲《すもう》はできない？

大相撲《おおずもう》では、全《すべ》ての取組《とりくみ》が体重差《たいじゅうさ》・身長差《しんちょうさ》に関係《かんけい》なく組《く》まれます。例《たと》えば、身長《しんちょう》２メートル・体重《たいじゅう》２００キロの力士《りきし》と、身長《しんちょう》１７０センチ・体重《たいじゅう》１００キロの力士《りきし》が戦《たたか》うことだってあります。そりゃあ、勝負《しょうぶ》にならないよね。と、思《おも》われるかもしれませんが、相撲《すもう》の勝負《しょうぶ》は、そう簡単《かんたん》ではないんです。力勝負《ちからしょうぶ》は難《むずか》しいですが、スピードを活《い》かして相手《あいて》をかわしたり、背後《はいご》に回《まわ》ったりして、相手《あいて》を押《お》し出《だ》すこともできます。相手《あいて》の下《した》に潜《もぐ》り込《こ》んで、投《な》げて勝《か》つことだってしばしば。小《ちい》さな力士《りきし》と大《おお》きな力士《りきし》の一番《いちばん》では会場《かいじょう》も大《おお》いに盛《も》り上《あ》がります。ですので、小《ちい》さな力士《りきし》が活躍《かつやく》することは、たしかな魅力《みりょく》のひとつなんです。１７０センチ台《だい》の横綱《よこづな》もいたので、小《ちい》さいからお相撲《すもう》さんになれないとか、勝《か》てない、ということでは決《けっ》してなさ

そうです。大事《だいじ》なのは、日々《ひび》の練習《れんしゅう》で自分《じぶん》のからだに合《あ》った戦《たたか》い方《かた》を極《きわ》めていくことです。

相撲《すもう》には、大《おお》きくふたつの戦《たたか》い方《かた》があります。「四《よ》つ相撲《ずもう》」と「押《お》し相撲《ずもう》」です。

「四《よ》つ相撲《ずもう》」は、相手《あいて》のまわしを取《と》り、からだを密着《みっちゃく》させて戦《たたか》うやり方《かた》。そこから、寄《よ》ったり、投《な》げたりしながら、相手《あいて》のバランスを崩《くず》して相手《あいて》を倒《たお》したり土俵《どひょう》の外《そと》に出《だ》したりします。四《よ》つ相撲《ずもう》が得意《とくい》なタイプは、相手《あいて》のまわしを取《と》りやすい手足《てあし》の長《なが》い人《ひと》が多《おお》いようです。

「押《お》し相撲《ずもう》」は、相手《あいて》のまわしを取《と》らず、突《つ》いたり押《お》したりする戦《たたか》い方《かた》。スピードとパワーを活《い》かして短時間《たんじかん》で勝負《しょうぶ》を決《き》めようとします。持久戦《じきゅうせん》が多《おお》い四《よ》つ相撲《ずもう》とは真逆《まぎゃく》の戦《たたか》い方《かた》です。押《お》し相撲《ずもう》が得意《とくい》なタイプは、立《た》ち合《あ》いという勝負《しょうぶ》が始《はじ》まる時《とき》に、思《おも》い切《き》って相手《あいて》にぶつかってきます。小柄《こがら》でも突《つ》き押《お》しを得意《とくい》とする力士《りきし》もいます。自分《じぶん》よりもからだの大《おお》きな相手《あいて》に立《た》ち向《む》かっていく気持《きも》ちの強《つよ》さが何《なに》よりも必要《ひつよう》なんだとか。

いずれにしても、相撲《すもう》はからだが大《おお》きければ有利《ゆうり》とは限《かぎ》りません。力士《りきし》それぞれの個性《こせい》を活《い》かしたさまざまな戦《たたか》い方《かた》があるのも、相撲《すもう》の魅力《みりょく》がひとつです。

土俵《どひょう》でまく

塩《しお》

土俵《どひょう》を清《きよ》めるためにまく塩《しお》は、本場所《ほんばしょ》では一日《いちにち》45kgも使《つか》います。ちなみに本場所《ほんばしょ》で使《つか》われる塩《しお》は、誰《だれ》でも手《て》に入《い》れることができる市販《しはん》のものです。

第《だい》3章《しょう》

お相撲《すもう》さん

年《ねん》々《ねん》親《した》しみやすくなっているものの、

まだまだベールにつつまれている相撲《すもう》の世《せ》界《かい》。

そこで活《かつ》躍《やく》するお相撲《すもう》さんについてのあれこれ、をご紹《しょう》介《かい》します。

どうやって
お相撲《すもう》さんになるの？

相撲《すもう》部《べ》屋《や》に入《はい》る

実《じつ》は、そんなに難《むずか》しくありません。中学校《ちゅうがっこう》を卒業《そつぎょう》した男子《だんし》なら、経験《けいけん》ゼロでも、相撲《すもう》部《べ》屋《や》に入《はい》り、身長《しんちょう》や体重《たいじゅう》の基準《きじゅん》はありますが、足《た》りなくても運動《うんどう》能力《のうりょく》テストに合格《ごうかく》すればＯＫ。むしろ、なってからが大変《たいへん》なのがお相撲《すもう》さんです。

相撲《すもう》部《べ》屋《や》

相撲《すもう》部屋《べや》とは、お相撲《すもう》さんが所属《しょぞく》し、共同生活《きょうどうせいかつ》を行《おこな》っているところ。全部《ぜんぶ》で40部屋《へや》くらいあり、東京都内《とうきょうとない》や関《かん》東近辺《とうきんぺん》にあります。

相撲部屋《すもうべや》は、「稽古場《けいこば》」＋「風呂《ふろ》トイレ共同《きょうどう》の寮《りょう》」のような造《つく》りになっています。

おもしろいのは、お風呂《ふろ》の場所《ばしょ》です。どの相撲部屋《すもうべや》も稽古場《けいこば》のそばにお風呂《ふろ》があります。激《はげ》しい練習《れんしゅう》のあとにみんなで汗《あせ》を流《なが》すために、お風呂《ふろ》が土俵《どひょう》の近《ちか》くにあるというわけです。

ちなみに、入門《にゅうもん》したら途中《とちゅう》で部屋《へや》を変《か》えることはできません。相撲部屋《すもうべや》は、学校《がっこう》や会社《かいしゃ》と同《おな》じで、親方《おやかた》も先輩《せんぱい》も練習方法《れんしゅうほうほう》もそれぞれです。お相撲《すもう》さんになりたい人《ひと》は、事前《じぜん》にホームページを見《み》たり、練習《れんしゅう》（稽古《けいこ》）見学《けんがく》をしたりして、自分《じぶん》に合《あ》った相撲部屋《すもうべや》を見《み》つけてください。

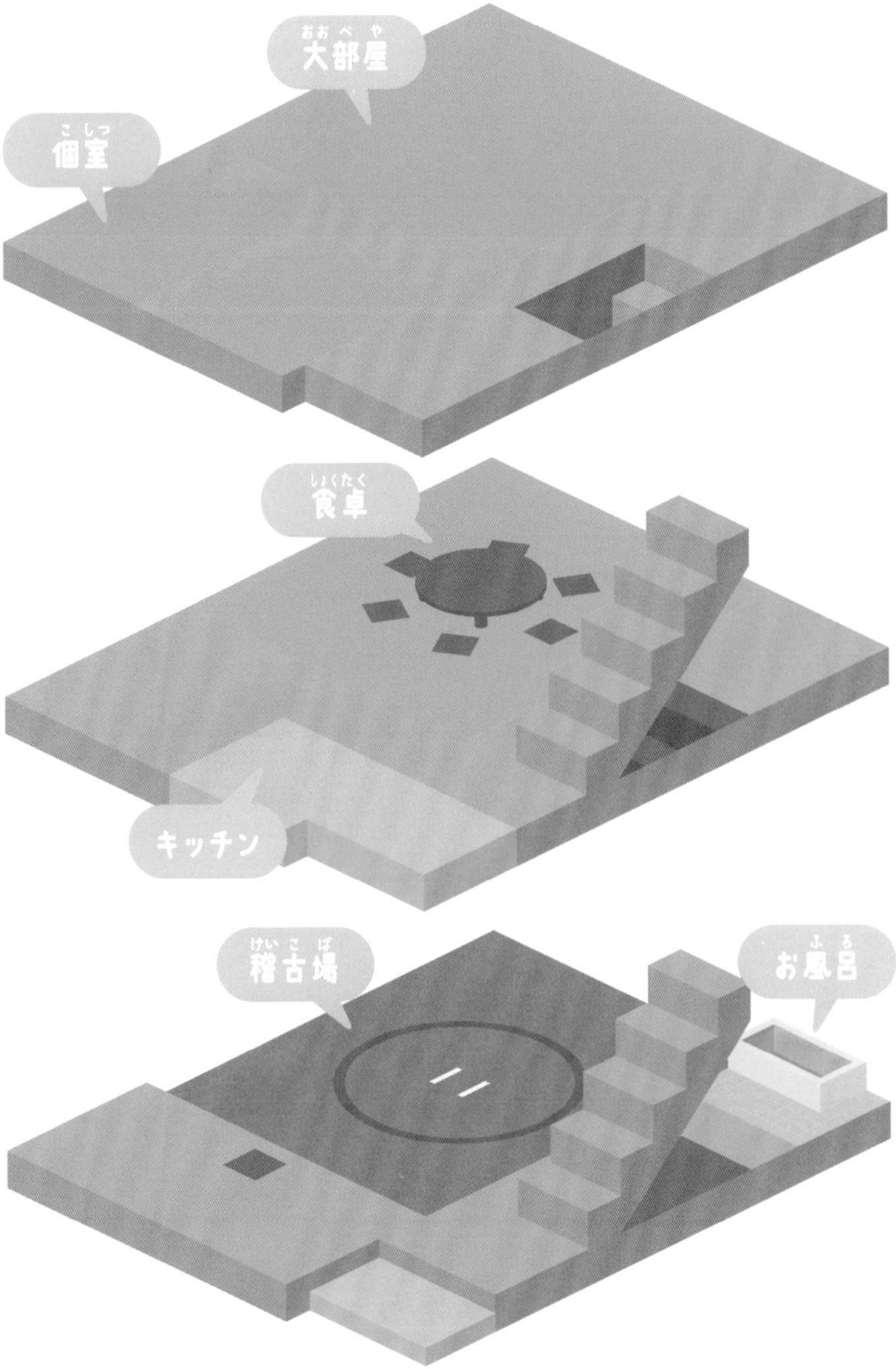
大部屋《おおべや》
個室《こしつ》
食卓《しょくたく》
キッチン
稽古場《けいこば》
お風呂《ふろ》

んの1日《にち》

お相撲《すもう》さんは、からだを強《つよ》く大《おお》きくするために、毎《まい》日《にち》を過《す》ごしています。からだを大《おお》きくするためには、

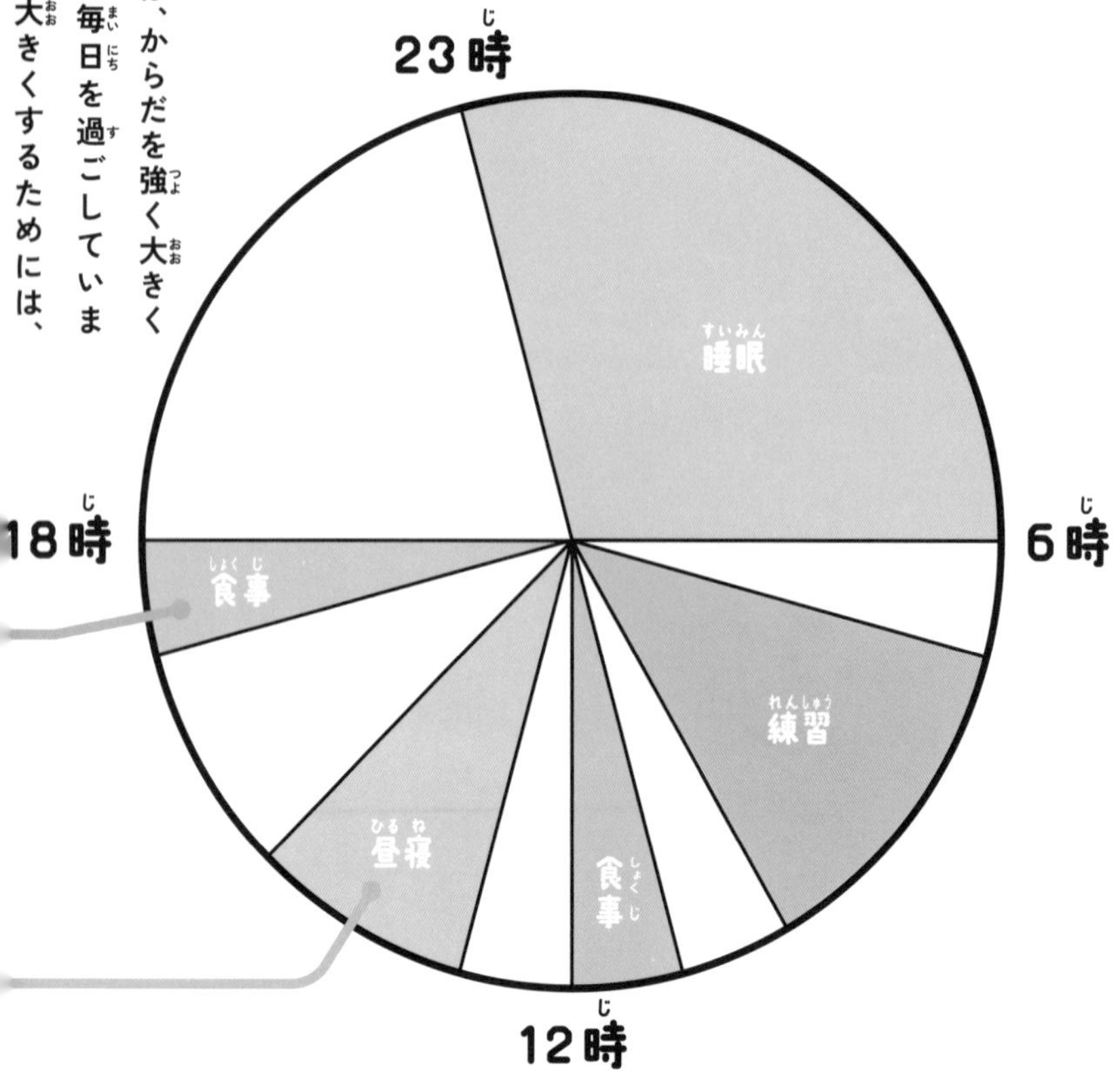

お相撲《すもう》さ

「運動・食事・休息」が大切です。力士《し》は、まず朝《あさ》起《お》きると何《なに》も食《た》べずに、ハードな練習《れんしゅう》（稽古《けいこ》）をします。そのあと、栄養《えいよう》たっぷりなちゃんこ鍋《なべ》を、めちゃくちゃ食《た》べる。そして、昼寝《ひるね》してしっかり休《やす》む。これを毎日《まいにち》繰《く》り返《かえ》すことによって、だんだんからだが強《つよ》く大《おお》きくなるというわけです。決《けっ》してブクブク太《ふと》っているということではありません。

お休《やす》みは、相撲《すもう》部屋《べや》によって異《こと》なりますが、大体《だいたい》日曜日《にちようび》と、本場所《ほんばしょ》が終《お》わったあとの一週間《いっしゅうかん》。お休《やす》みの時《とき》は、食事《しょくじ》は自分《じぶん》たちでとります。普段《ふだん》の大変《たいへん》な稽古《けいこ》の時《とき》にくらべると食欲《しょくよく》も落《お》ちるのか、オフの間《あいだ》で痩《や》せてしまいがちだそうです。

食事《しょくじ》は1日《にち》2回《かい》

朝《あさ》は何《なに》も食《た》べずに練習《れんしゅう》するので、結果的《けっかてき》に1日《にち》2食《しょく》になります。2回《かい》の食事《しょくじ》でもお相撲《すもう》さんは1日《にち》に8,000キロカロリーとります。これは、一般《いっぱん》の成人女性《せいじんじょせい》が食《た》べる4倍《ばい》の量《りょう》です。

寝《ね》るのも練習《れんしゅう》

激《はげ》しい稽古《けいこ》によって成長《せいちょう》ホルモンがたくさん出《で》ます。練習後《れんしゅうご》の食事《しょくじ》と睡眠《すいみん》で、筋肉《きんにく》が大《おお》きくなることを助《たす》けているんだそうです。だから、お相撲《すもう》さんにとっては、食事《しょくじ》も睡眠《すいみん》もからだを強《つよ》く大《おお》きくするための練習《れんしゅう》なんですね。

本《ほん》場《ば》所《しょ》

実力《じつりょく》を発揮《はっき》する大会《たいかい》

大《おお》相撲《ずもう》では、『本場所《ほんばしょ》』と呼《よ》ばれる大会《たいかい》のようなものが定期的《ていきてき》に開催《かいさい》されます。15日《にち》間《かん》連続《れんぞく》で、1対《たい》1で勝負《しょうぶ》（取組《とりくみ》と言《い》います）し、勝利数《しょうりすう》を競《きそ》います。一番《いちばん》多《おお》く勝《か》った人《ひと》が、優勝《ゆうしょう》です。ちなみに、地位《ちい》が下《した》の力士《りきし》は、15日《にち》間《かん》のうち7日《か》間《かん》だけ取組《とりくみ》があります。本場所《ほんばしょ》は、1月《いちがつ》の東京《とうきょう》から始《はじ》まり、11月《がつ》の九州《きゅうしゅう》まで2カ月《げつ》に1度《ど》、年《ねん》6回《かい》開催《かいさい》されます。

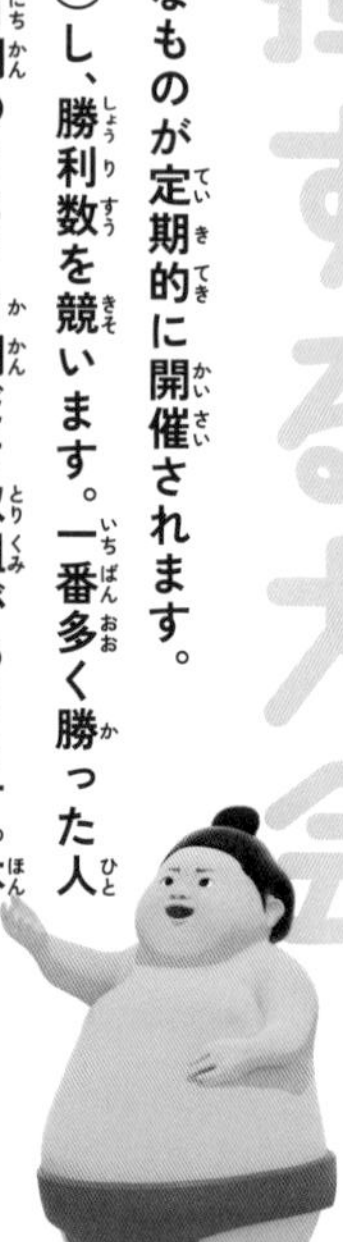

1月《がつ》　初《はつ》場《ば》所《しょ》（東《とう》京《きょう》）

↓

3月《がつ》　春《はる》場《ば》所《しょ》（大《おお》阪《さか》）

↓

5月《がつ》　夏《なつ》場《ば》所《しょ》（東《とう》京《きょう》）

↓

7月《がつ》　名《な》古《ご》屋《や》場《ば》所《しょ》

↓

9月《がつ》　秋《あき》場《ば》所《しょ》（東《とう》京《きょう》）

↓

11月《がつ》　九《きゅう》州《しゅう》場《ば》所《しょ》

番《ばん》付《づけ》

お相撲《すもう》さんのランキング

本場所《ほんばしょ》の成績《せいせき》によって、力士《りきし》の地位《ちい》が変《か》わります。この地位《ちい》のことを、番付《ばんづけ》と呼《よ》びます。十両《じゅうりょう》以上《いじょう》の力士《りきし》は本場所《ほんばしょ》では15戦《せん》行《おこな》うので、8勝以上《しょういじょう》すれば「勝《か》ち越《こ》し」といって、番付《ばんづけ》が上《あ》がり、7勝以下《しょういか》なら「負《ま》け越《こ》し」といって番付《ばんづけ》が下《さ》がります。序《じょ》ノ口《くち》から始《はじ》まり、最高位《さいこうい》が横綱《よこづな》です。ちなみに、横綱《よこづな》になれば、成績《せいせき》に関係《かんけい》なく地位《ちい》は変《か》わりません。大関《おおぜき》は、本場所《ほんばしょ》で2回《かい》続《つづ》けて負《ま》け越《こ》した場合《ばあい》、関脇《せきわけ》に地位《ちい》が下《さ》がります。

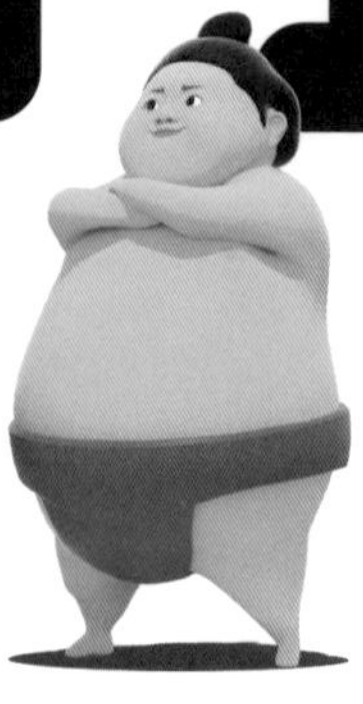

横綱《よこづな》

大関《おおぜき》

関脇《せきわけ》

小結《こむすび》

前頭《まえがしら》

十両《じゅうりょう》

幕下《まくした》

三段目《さんだんめ》

序二段《じょにだん》

序ノ口《じょのくち》

関取《せきとり》

「関取《せきとり》」は、十両《じゅうりょう》以《い》上《じょう》の力士《りきし》のことです。「○○関《ぜき》」と呼《よ》ばれ、大銀杏《おおいちょう》も結《ゆ》うことができ、まわしも絹《きぬ》でできた「しめこみ」に変《か》わります。そして、お給料《きゅうりょう》ももらうことができます。相撲《すもう》部屋《べや》では個室《こしつ》になり、「付《つ》け人《びと》」と呼《よ》ばれる身《み》の回《まわ》りの世《せ》話《わ》をする力士《りきし》もつきます。力士《りきし》にとって関取《せきとり》になるかならないかは、天《てん》と地《ち》の違《ちが》いです。

横綱《よこづな》

別格《べっかく》の存在《そんざい》

横綱《よこづな》は、大相撲《おおずもう》の中《なか》で一番上《いちばんうえ》の位《くらい》の力士《りきし》のことです。横綱《よこづな》になるには、まず大関《おおぜき》になること。そして、大関《おおぜき》として本場所《ほんばしょ》を2回《かい》連続《れんぞく》優勝《ゆうしょう》などすると横綱《よこづな》に昇進《しょうしん》します。しかし、横綱《よこづな》になれるのは、200人《にん》に1人《ひとり》くらいなので、とても狭《せま》き門《もん》です。そして、横綱《よこづな》は強《つよ》いだけではなく、品格《ひんかく》も抜群《ばつぐん》であることが求《もと》められます。歴史《れきし》の長《なが》い大相撲《おおずもう》の顔《かお》となる人《ひと》ですから、強《つよ》いだけじゃなく、人《ひと》としてみんなから尊敬《そんけい》されるような力士《りきし》でないと横綱《よこづな》にはなれないのです。まさに別格《べっかく》のような存在《そんざい》、それが横綱《よこづな》です。

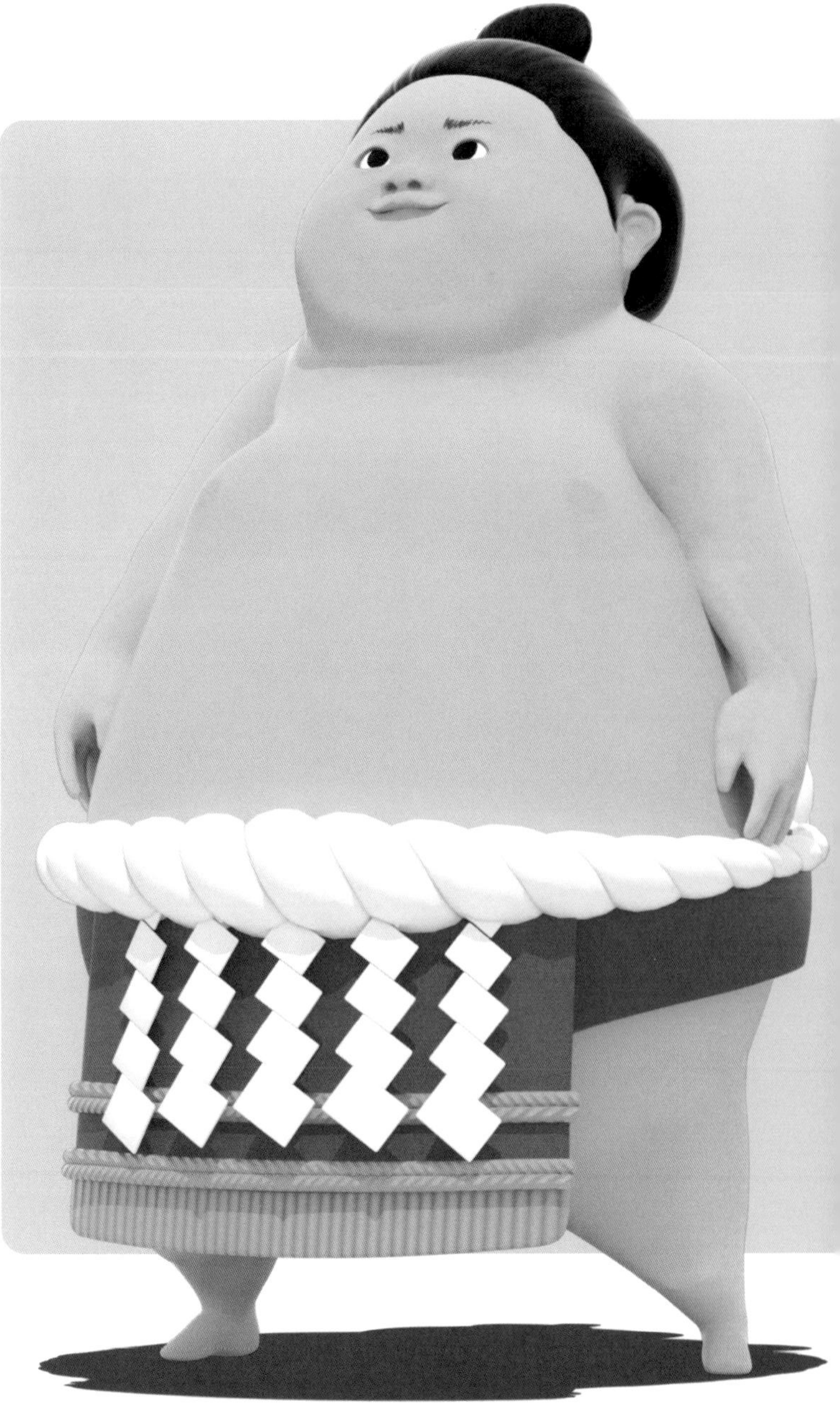

横《よこ》綱《づな》の土《ど》俵《ひょう》入《い》り

横綱《よこづな》が本場所《ほんばしょ》の取組《とりくみ》（勝負《しょうぶ》）が始《はじ》まる前《まえ》に、土俵《どひょう》に上《あ》がって力強《ちからづよ》くしこを踏《ふ》むなどします。これを土俵入《どひょうい》りと言《い》います。土俵入《どひょうい》りの時《とき》、横綱《よこづな》はまわしの上《うえ》に注連縄《しめなわ》をつけています。この注連縄《しめなわ》が「横綱《よこづな》」と呼《よ》ばれていて、それをつけられる特別《とくべつ》な力士《りきし》として「横綱《よこづな》」と呼《よ》ぶようになったようです。とはいえ、この土俵入《どひょうい》りはただのパフォーマンスではありません。横綱《よこづな》がしこを踏《ふ》むのは、土《つち》の中《なか》にある邪悪《じゃあく》なものを払《はら》って、豊作《ほうさく》を願《ねが》うためです。このように神《しん》事《じ》として相撲《すもう》の伝統文化《でんとうぶんか》を披露《ひろう》することが、横綱《よこづな》の土俵入《どひょうい》りです。

ちゃんこ鍋《なべ》

お相撲《すもう》さんの食事《しょくじ》

お相撲《すもう》さんの2回《かい》の食事《しょくじ》は、「ちゃんこ鍋《なべ》」とご飯《はん》が基本《きほん》です。「ちゃんこ鍋《なべ》」には、たっぷりのお野菜《やさい》と、お肉《にく》が入《はい》っていて、とてもヘルシー。鍋《なべ》の種類《しゅるい》も豊富《ほうふ》で、塩《しお》、醤油《しょうゆ》、味噌《みそ》はもちろん、カレー鍋《なべ》まであり、毎日《まいにち》の食事《しょくじ》に飽《あ》きがこないようになっています。「ちゃんこ鍋《なべ》」とご飯《はん》は、わたしたちの食事《しょくじ》に例《たと》えるなら、お味噌汁《みそしる》とご飯《はん》といったところでしょうか。その他《ほか》にも、唐揚《からあ》げや卵焼《たまごや》き、魚《さかな》の煮付《につ》けや、酢《す》の物《もの》まで多《おお》くのおかずが並《なら》べられます。

ちなみに、お相撲《すもう》さんが作《つく》るものは全《すべ》て「ちゃんこ」と呼《よ》ぶそうです。お相撲《すもう》さんが作《つく》ればデザートでも、ちゃんこです。夕食《ゆうしょく》は大体《だいたい》17時《じ》くらいなので、夜食《やしょく》に近《ちか》くのラーメン屋《や》などに行《い》くこともしばしば。お相撲《すもう》さんは、からだを大《おお》きくすることの努力《どりょく》を毎日《まいにち》しているのです。

親《おや》方《かた》

父親的存在《ちちおやてきそんざい》

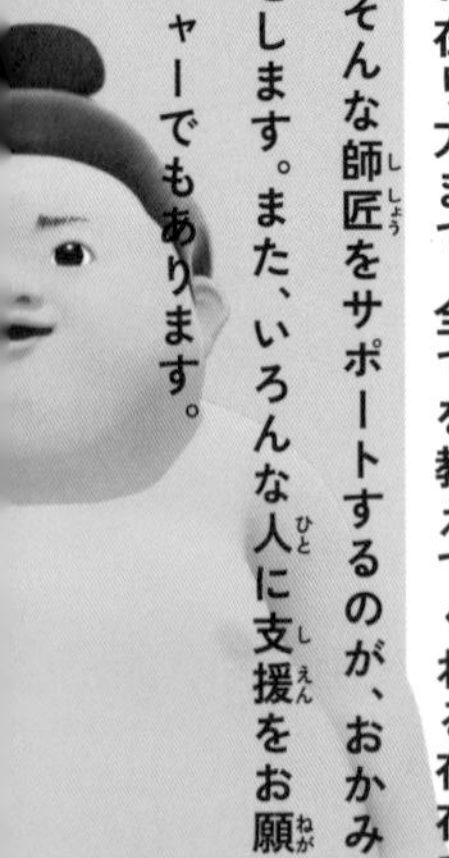

コーチでも監督《かんとく》でもない、お相撲《すもう》さんにとっては、親以上《おやいじょう》の存在《そんざい》。それが、親方《おやかた》です。親方《おやかた》になれるのは元力士《もとりきし》に限《かぎ》られ、相撲部屋《すもうべや》に入門《にゅうもん》した弟子《でし》を育《そだ》てます。稽古《けいこ》の指導《しどう》はもちろん、日々《ひび》の生活《せいかつ》や人《ひと》としての在《あ》り方《かた》まで、全《すべ》てを教《おし》えてくれる存在《そんざい》です。親方《おやかた》の中《なか》でも、部屋《へや》を代表《だいひょう》する責任者《せきにんしゃ》を「師匠《ししょう》」といいます。そんな師匠《ししょう》をサポートするのが、おかみさんです。おかみさんは、母親《ははおや》のようにお相撲《すもう》さんたちのお世話《せわ》をします。また、いろんな人《ひと》に支援《しえん》をお願《ねが》いしたり、地方場所《ちほうばしょ》の稽古場《けいこば》を確保《かくほ》するなど、相撲部屋《すもうべや》のマネージャーでもあります。

お相撲《すもう》さんの練《れん》習《しゅう》

稽《けい》古《こ》

お相撲《すもう》さんの練習《れんしゅう》のことを「稽古《けいこ》」と言《い》います。稽古《けいこ》は、早朝《そうちょう》7時《じ》過《す》ぎくらいから始《はじ》まります。稽古《けいこ》をする稽古場《けいこば》は、とても静《しず》か（私語厳禁《しごげんきん》です）で、お相撲《すもう》さんたちの息遣《いきづか》いとしこを踏《ふ》む音《おと》、からだ同士《どうし》が激《はげ》しくぶつかり合《あ》う音《おと》が響《ひび》きます。いつもは優《やさ》しくにこやかなお相撲《すもう》さんたちの表情《ひょうじょう》も厳《きび》しいものに変《か》わっています。「申《もう》し合《あ》い」と呼《よ》ばれる稽古《けいこ》は、土俵《どひょう》の周《まわ》りを力士《りきし》たちが囲《かこ》み、土俵《どひょう》で二人《ふたり》の力士《りきし》が取組《とりくみ》をします。勝《か》ち残《のこ》り戦《せん》で、勝《か》った力士《りきし》に、土俵際《どひょうぎわ》で待《ま》っている他《ほか》の力士《りきし》が「次《つぎ》は、わたし！」と、手《て》を上《あ》げてアピールし、取組《とりくみ》が続《つづ》きます。

相撲《すもう》の稽古《けいこ》は、とても激《はげ》しく厳《きび》しいです。もうだめ、本当《ほんとう》にだめ・・声《こえ》も出《で》ない・・・と自分《じぶん》を追《お》い込《こ》みますが、そこで火事場《かじば》のクソ力《ぢから》を出《だ》すことで、昨日《きのう》よりも強《つよ》くなると言《い》われています。

ちなみに、稽古見学《けいこけんがく》は、すごくオススメです。非日常的《ひにちじょうてき》な熱気《ねっき》を味《あじ》わえるのはもちろんですが、想像《そうぞう》を超《こ》えるような激《はげ》しい稽古《けいこ》をするお相撲《すもう》さんたちに、きっと一目惚《ひとめぼ》れして、相撲《すもう》が好《す》きになると思《おも》います。見学《けんがく》できる相撲部屋《すもうべや》も多《おお》いので、ぜひホームページなどでチェックしてみてください。

相撲《すもう》ふむふむノート③

お相撲《すもう》さんのお給料《きゅうりょう》

大相撲《おおずもう》のお相撲《すもう》さんは、お客《きゃく》さんから入場料《にゅうじょうりょう》をもらって戦《たたか》いを見《み》せるプロのアスリートです。ですので、当然《とうぜん》ギャラはあるのですが、いろいろと仕組《しく》みがあります。大《おお》きくは、①お給料《きゅうりょう》②本場所《ほんばしょ》での一時金《いちじきん》などです。

①お給料《きゅうりょう》

一般社会人《いっぱんしゃかいじん》と同《おな》じように、月給制《げっきゅうせい》です。番付《ばんづけ》によって、もらえる金額《きんがく》は差《さ》があり、最高位《さいこうい》の横綱《よこづな》は月《つき》に300万円《まんえん》です。

②本場所《ほんばしょ》での一時金《いちじきん》

本場所《ほんばしょ》の地位《ちい》に応《おう》じた一時金《いちじきん》と、懸賞金《けんしょうきん》などです。注目《ちゅうもく》される取組《とりくみ》で、沢山《たくさん》のスポンサーが自分達《じぶんたち》の広告《こうこく》を懸賞幕《けんしょうまく》として出《だ》すことがあります。取組《とりくみ》に勝《か》った力士《りきし》は、その広告料《こうこくりょう》の一《いち》部《ぶ》（ひとつ約《やく》3万円《まんえん》）を現金《げんきん》でもらえます。その現金《げんきん》が懸賞金《けんしょうきん》です。その他《た》、幕内優勝力士《まくうちゆうしょうりきし》

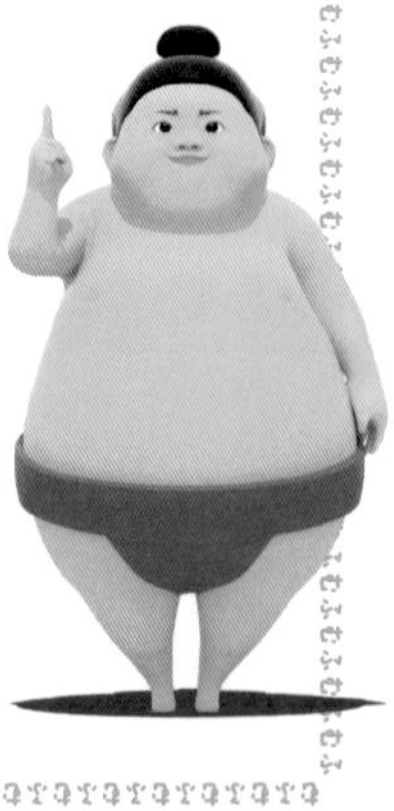

には１０００万円《まんえん》、三賞《さんしょう》（殊勲賞《しゅくんしょう》、敢闘賞《かんとうしょう》、技能賞《ぎのうしょう》）の力士《りきし》には２００万円《まんえん》などの賞金《しょうきん》もあります。

と、ここまで説明《せつめい》してきたのは、全《すべ》て関取以上《せきとりいじょう》の話《はなし》。関取《せきとり》とは、十両以上《じゅうりょういじょう》の力士《りきし》のことです。関取《せきとり》になると、相撲協会《すもうきょうかい》からお給料《きゅうりょう》がもらえ、大銀杏《おおいちょう》と呼《よ》ばれるマゲを結《ゆ》い、化粧《けしょう》まわしを締《し》めて土俵入《どひょうい》りをします。そして、相撲部屋《すもうべや》では、個室《こしつ》になり、付《つ》け人《びと》もつくのです。でも、関取《せきとり》になれるのは10人《にん》に１人《ひとり》程度《ていど》です。では、関取《せきとり》になっていないお相撲《すもう》さんは？　というと、ざっくり言《い》えば、給料《きゅうりょう》はなしです。本場所《ほんばしょ》ごとに数万円《すうまんえん》〜十数万円《じゅうすうまんえん》もらえるのと、親方《おやかた》などからのお小遣《こづか》いだけです。寝起《ねお》きするのは共同部屋《きょうどうへや》です。そして、関取《せきとり》になるまでは結婚《けっこん》することは許《ゆる》されません。彼女《かのじょ》はつくっても良《よ》いけれど、所帯《しょたい》を持《も》つことはできません。衣食住《いしょくじゅう》は保証《ほしょう》されていますが、うーん。どう考《かんが》えても、厳《きび》しい、大変《たいへん》ですね。ですが、その厳《きび》しい状況《じょうきょう》があるからこそ、関取《せきとり》になるために稽古《けいこ》に取《と》り組《く》みますし、頑張《がんば》り続《つづ》けることができるのかもしれません。ちなみに、お相撲《すもう》さんたちはお金《かね》のことを、「お米《こめ》」と言《い》います。これは、江戸時代《えどじだい》のお相撲《すもう》さんは、給料《きゅうりょう》をお米《こめ》でもらうこともあったそうで、その名残《なごり》だそうです。

大相撲《おおずもう》で見《み》られる立派《りっぱ》なマゲ

大銀杏《おおいちょう》

お相撲《すもう》さんの特徴的《とくちょうてき》な髪型《かみがた》であるマゲ。その中《なか》でも十両《じゅうりょう》以上《いじょう》の関取《せきとり》と呼《よ》ばれる力士《りきし》になると、マゲの先《さき》を銀杏《いちょう》の葉《は》っぱのように広《ひろ》げた大銀杏《おおいちょう》というマゲになります。「床山《とこやま》」と呼《よ》ばれる人《ひと》が、専門《せんもん》の道具《どうぐ》を使《つか》いながら、1人《ひとり》ひとりの大銀杏《おおいちょう》を取組前《とりくみまえ》に結《ゆ》っているのです。

第《だい》4章《しょう》

相撲《すもう》の所《しょ》作《さ》

神事《しんじ》として発展《はってん》した相撲《すもう》の
さまざまな儀式《ぎしき》や動作《どうさ》（所作《しょさ》）をご紹介《しょうかい》します。

青《きよ》める

力《ちから》水《みず》

戦《たたか》いの前《まえ》にからだ

力士《りきし》は取組《とりくみ》のために土俵《どひょう》に上《あ》がると、まず水《みず》の入《はい》ったひしゃくを渡《わた》されます。その水《みず》で口《くち》をゆすぎ吐《は》き出《だ》します。この水《みず》が「力水《ちからみず》」で、一連《いちれん》の動作《どうさ》を「力水《ちからみず》をつける」と言《い》います。神事《しんじ》を行《おこな》う土俵《どひょう》は、とても神聖《しんせい》な場《ば》所《しょ》ですので、そこに上《あ》がったら身《み》を水《みず》で清《きよ》めます。神社《じんじゃ》・仏閣《ぶっかく》に訪《おとず》れた時《とき》、ひしゃくの水《みず》で口《くち》をゆすいだことのある人《ひと》もいると思《おも》いますが、あれと同《おな》じです。ちなみに「力水《ちからみず》」で使《つか》われている水《みず》はミネラルウォーターだそうです。

ノドが乾《かわ》いたから飲《の》んでるわけではありません

塩《しお》をま

戦《たたか》いの前《まえ》に

力水《ちからみず》をつけたあとには、土俵《どひょう》を清《きよ》めて、怪我《けが》のないように祈《いの》ります。ここで使《つか》うのが、お塩《しお》です。力士《りきし》は、お塩《しお》を手《て》に取《と》り、土俵《どひょう》にまきます。まく塩《しお》の量《りょう》も、まき方《かた》も自由《じゆう》なので、お相撲《すもう》さんそれぞれの個性《こせい》が出《で》ます。ちょろっとまく人《ひと》もいれば、大量《たいりょう》の塩《しお》をめいっぱい高《たか》くまく人《ひと》もいるので、注目《ちゅうもく》してみましょう。

まく量《りょう》に決《き》まりはなく、
大量《たいりょう》にまくと盛《も》り上《あ》がります。

む

の邪《じゃ》気《き》をはらう

からだと土俵《どひょう》を清《きよ》めたあとは、力士《りきし》が両足《りょうあし》を広《ひろ》げ、上《あ》げた片方《かたほう》の足《あし》を土俵《どひょう》にドスンとつけます。こうすると地中《ちちゅう》にある悪《わる》いものがびっくりして飛《と》び出《だ》すというわけです。この動作《どうさ》のことを、「しこを踏《ふ》む」と言《い》います。邪気《じゃき》を払《はら》うだけでなく、股関節《こかんせつ》を広《ひろ》げ、準備体操《じゅんびたいそう》として戦《たたか》う前《まえ》にからだをほぐす理《り》にかなった所作《しょさ》と言《い》えますね。

しこは練習《れんしゅう》でも行《おこな》う相撲《すもう》の基本《きほん》。

しこを踏

戦《たたか》いの前《まえ》に土《ど》俵《ひょ》

相撲《すもう》観《かん》戦《せん》は楽《たの》しい

ここでは本場所《ほんばしょ》のある日《ひ》の観戦記《かんせんき》をご紹介《しょうかい》します。

○朝《あさ》8時過《じす》ぎ

寄《よ》せ太鼓《だいこ》という太鼓《たいこ》が鳴《な》り響《ひび》くと、その日《ひ》の始《はじ》まりになります。入《い》り口《ぐち》でチケットを確認《かくにん》する「もぎり」は、親方《おやかた》たちの仕事《しごと》。運《うん》がよければ、自分《じぶん》の好《す》きだった力士《りきし》に会《あ》えるかも!?

○前相撲《まえずもう》から取組《とりくみ》が始《はじ》まります

8時過《じす》ぎから、前相撲《まえずもう》～幕下《まくした》の取組《とりくみ》が行《おこな》われます。最初《さいしょ》の方《ほう》に登場《とうじょう》するのは、相撲部屋《すもうべや》に入門《にゅうもん》したばかりの力士《りきし》たち。髪《かみ》はマゲができるほどの長《なが》さになっていないので、オールバックの長髪《ちょうはつ》で、からだつきが細《ほそ》い力士《りきし》も多《おお》いです。将来《しょうらい》の関取《せきとり》や横綱《よこづな》になるのはどんな力士《りきし》かを予想《よそう》しながら、応援《おうえん》したくなる力士《りきし》を見《み》つけることができたら、これからの楽《たの》しみも増《ふ》えますね。

○お昼《ひる》ごはん

会場《かいじょう》には、ちゃんこ鍋《なべ》を食《た》べる場所《ばしょ》があったり、お弁当《べんとう》を買《か》う売店《ばいてん》もあります。親方《おやかた》が売店《ばいてん》でお弁当《べんとう》を売《う》っていることも多《おお》いので、記念撮影《きねんさつえい》をお願《ねが》いしてみるのも良《よ》いかも。お弁当《べんとう》は、席《せき》で食《た》べられます（ただし、土俵《どひょう》すぐ近《ちか》くのタマリ席《せき》は飲食禁止《いんしょくきんし》です）。

○14時《じ》くらいから十両土俵入《じゅうりょうどひょうい》りと十両《じゅうりょう》の取組《とりくみ》

十両《じゅうりょう》からの、大銀杏《おおいちょう》の立派《りっぱ》なマゲをつけた力士同士《りきしどうし》の取組《とりくみ》は、迫力満点《はくりょくまんてん》です。力士同士《りきしどうし》のぶつかる音《おと》の迫力《はくりょく》はすさまじく、二階席《にかいせき》にいても十分聞《じゅうぶんき》こえてくるほどです。

○16時《じ》くらいから横綱土俵入《よこづなどひょうい》り、幕内土俵入《まくうちどひょうい》りと幕内《まくうち》の取組《とりくみ》

観客席《かんきゃくせき》もこのころになるとほぼ満席《まんせき》で、横綱《よこづな》の土俵入《どひょうい》りに掛《か》け声《ごえ》が飛《と》び交《か》います。そのあと、いよいよ幕内力士《まくうちりきし》の取組《とりくみ》が始《はじ》まります。

○18時《じ》くらいに終了《しゅうりょう》

最後《さいご》は、弓取式《ゆみとりしき》です。これは、長《なが》い弓《ゆみ》を使《つか》った勝者《しょうしゃ》の舞《まい》で、平安時代《へいあんじだい》からある儀式《ぎしき》だそう。弓取式専門《ゆみとりしきせんもん》の力士《りきし》が結《むす》びの一番《いちばん》で勝《か》った力士《りきし》に代《か》わって行《おこな》います。

○お土産《みやげ》を忘《わす》れずに

お菓子《かし》からトランプまで、さまざまなお相撲《すもう》さんグッズがあります。ちなみに、東京《とうきょう》の会場《かいじょう》である両《りょう》国《ごく》国技館《こくぎかん》の名物《めいぶつ》は、焼《や》き鳥《とり》です。国技館《こくぎかん》の地下《ちか》にキッチンがあり、タレがたっぷりしみこみ「冷《さ》めてもおいしい」のでお土産《みやげ》にもピッタリです。

大相撲《おおずもう》の観戦《かんせん》は、1人《ひとり》で行《い》っても、友達《ともだち》や家族《かぞく》と行《い》っても楽《たの》しいです。食《た》べ物《もの》も沢山《たくさん》ありますし、お酒《さけ》も飲《の》めます。運動会《うんどうかい》でお弁当《べんとう》を広《ひろ》げながら観戦《かんせん》している気分《きぶん》に近《ちか》いというか、他《ほか》のスポーツにはない体験《たいけん》ができて、めちゃくちゃ楽《たの》しいです。

化粧《けしょう》まわし

十両《じゅうりょう》と幕内《まくうち》の取組前《とりくみまえ》にはそれぞれ土俵入《どひょうい》りと呼《よ》ばれる儀式《ぎしき》があり、そこで力士《りきし》は「化粧《けしょう》まわし」と呼《よ》ばれる特別《とくべつ》なまわしをつけて土俵《どひょう》に上《あ》がります。力士《りきし》の出身地《しゅっしんち》にちなんだものや、漫画《まんが》のキャラクターまで、いろいろな絵《え》が刺繍《ししゅう》によって描《えが》かれています。ちなみに、この化粧《けしょう》まわしのお値段《ねだん》ですが、一般的《いっぱんてき》なもので 100 ~ 150 万円程度《まんえんていど》です。車《くるま》が買《か》えちゃいますね。

第《だい》5章《しょう》

そぼくな疑《ぎ》問《もん》

そぼくな疑問《ぎもん》

Q1. お相撲《すもう》さんは大《おお》食《ぐ》い？

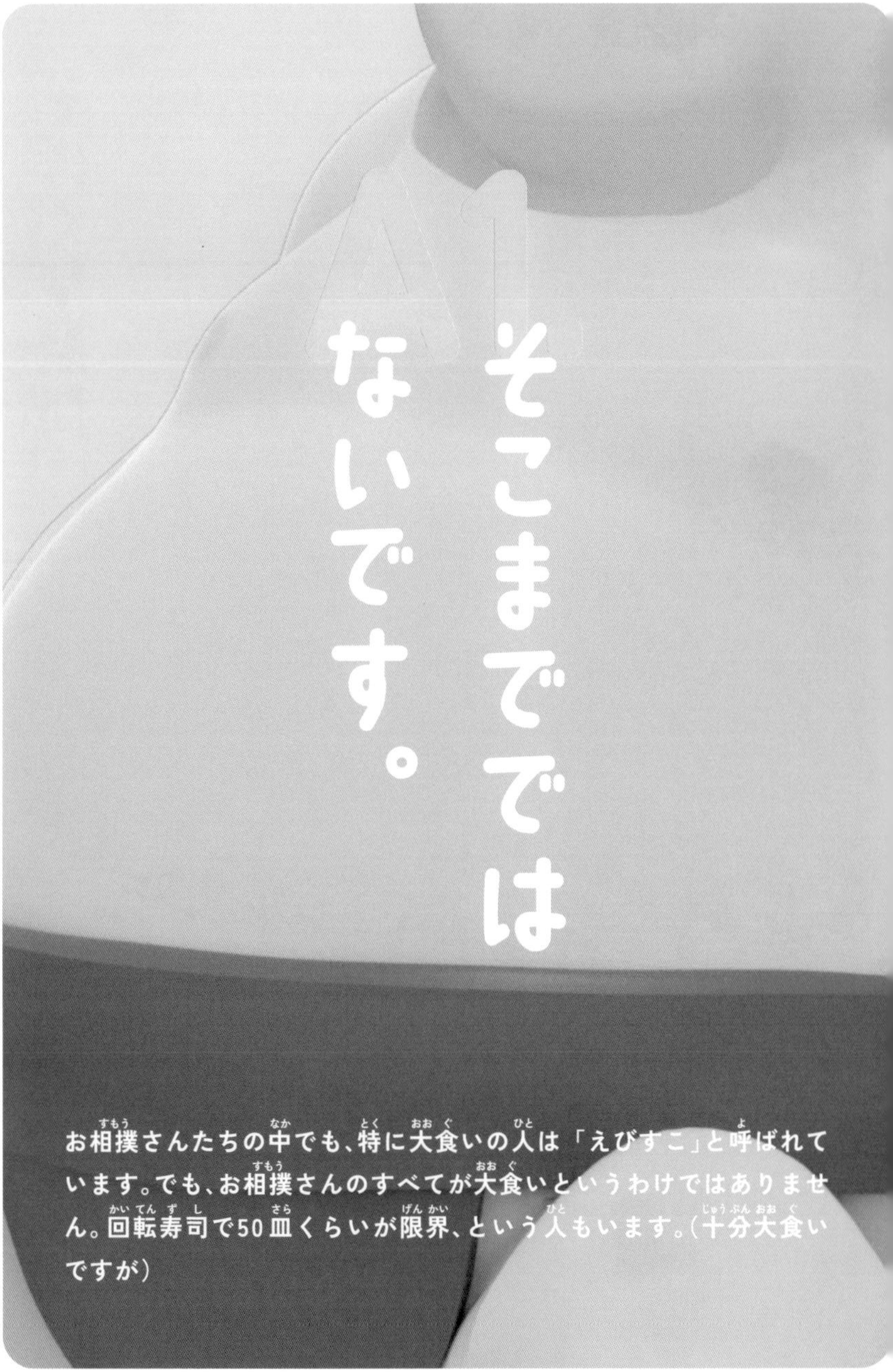

A そこまではないです。

お相撲《すもう》さんたちの中《なか》でも、特《とく》に大食《おおぐ》いの人《ひと》は「えびすこ」と呼《よ》ばれています。でも、お相撲《すもう》さんのすべてが大食《おおぐ》いというわけではありません。回転寿司《かいてんずし》で50皿《さら》くらいが限界《げんかい》、という人《ひと》もいます。（十分大食《じゅうぶんおおぐ》いですが）

そぼくな疑問《ぎもん》

Q2. お相撲《すもう》さんは髪《かみ》、長《なが》い？

A2. 結《けっ》構《こう》、長《なが》いです。

マゲをほどくと、鎖骨《さこつ》にかかるくらいのセミロングです。ちなみに、新弟子《しんでし》がマゲを初《はじ》めて結《ゆ》うと、親方《おやかた》などから、おめでとうということで「コンパチ」をもらえます。コンパチとは、デコピンのこと。お相撲《すもう》さんのデコピン…。どう考《かんが》えても痛《いた》そうです。

そぼくな疑《ぎ》問《もん》

Q3. お相撲《すもう》さんはなんでいいにおいなんですか？

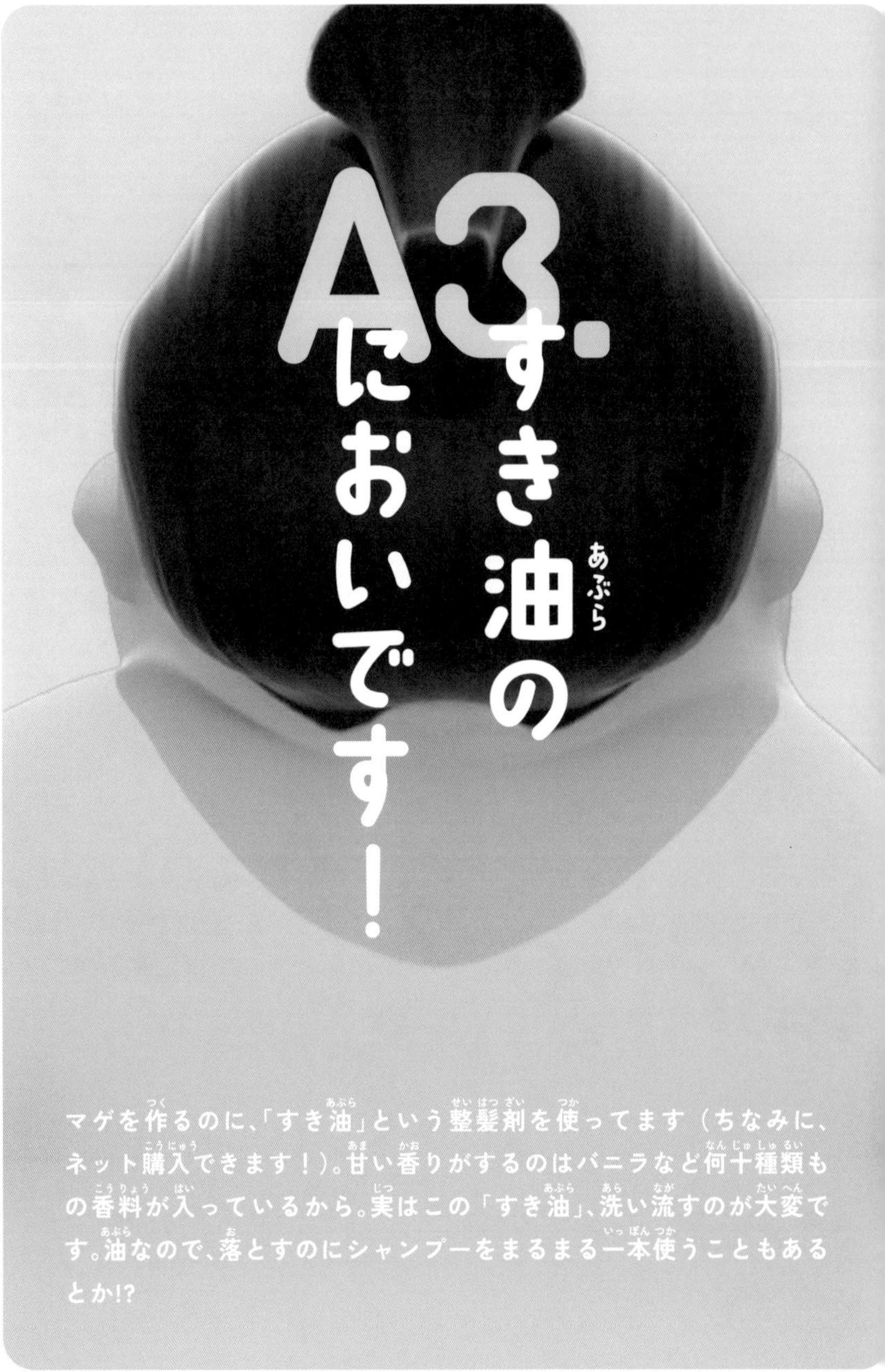

A3. すき油《あぶら》のにおいです！

マゲを作《つく》るのに、「すき油《あぶら》」という整髪剤《せいはつざい》を使《つか》ってます（ちなみに、ネット購入《こうにゅう》できます！）。甘《あま》い香《かお》りがするのはバニラなど何十種類《なんじゅしゅるい》もの香料《こうりょう》が入《はい》っているから。実《じつ》はこの「すき油《あぶら》」、洗《あら》い流《なが》すのが大変《たいへん》です。油《あぶら》なので、落《お》とすのにシャンプーをまるまる一本《いっぽん》使《つか》うこともあるとか!?

そぼくな疑問《ぎもん》

Q4. お相撲《すもう》さんはなんで変《か》わった名前《なまえ》なの？

A4. しこ名《な》というリングネームです。

お相撲《すもう》さんの変《か》わった名前《なまえ》のことを、「しこ名《な》」と言《い》います。簡単《かんたん》にいえば、リングネームのようなものです。多《おお》くは親方《おやかた》が弟子《でし》の出身地《しゅっしんち》や相撲部屋《すもうべや》でよく使《つか》っている文字《もじ》をつけることが多《おお》いです。

そぼくな疑問《ぎもん》

Q.5.
日《に》本《ほん》人《じん》しかお相撲《すもう》さんになれない？

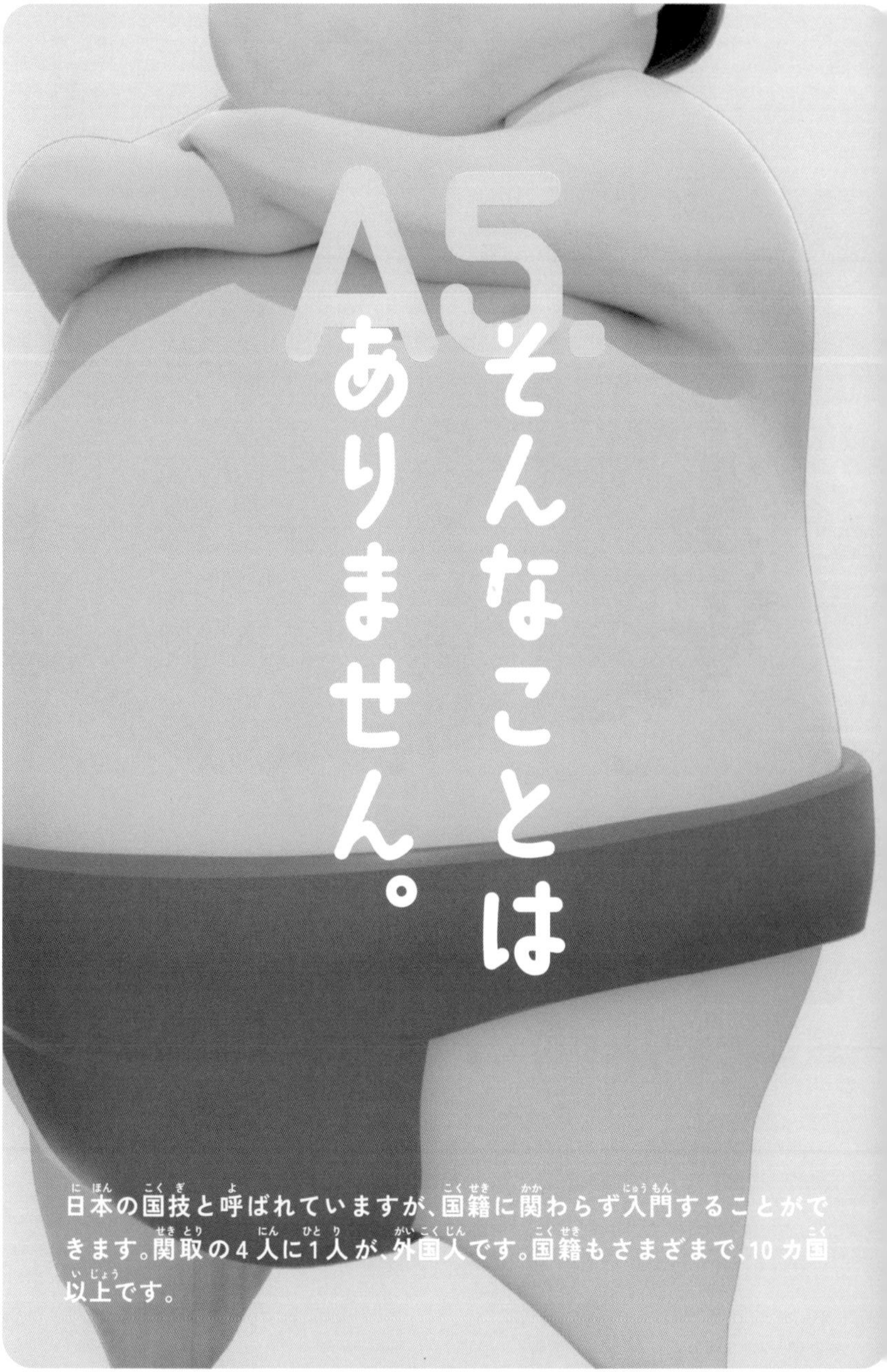

A5. そんなことはありません。

日本《にほん》の国技《こくぎ》と呼《よ》ばれていますが、国籍《こくせき》に関《かか》わらず入門《にゅうもん》することができます。関取《せきとり》の4人《にん》に1人《ひとり》が、外国人《がいこくじん》です。国籍《こくせき》もさまざまで、10カ国《こく》以上《いじょう》です。

そぼくな疑《ぎ》問《もん》

Q6. どすこい、って何《なに》？

A6. もともとは相撲《すもう》甚句《じんく》の合《あ》いの手《て》

「どすこい」は、もともとは「大《おお》きい・太《ふと》い」という意味《いみ》で、西日本《にしにほん》の方《ほう》言《げん》だったそうです。相撲《すもう》の余興《よきょう》で歌《うた》われる、相撲甚句《すもうじんく》で「いいね！」と掛《か》け声《ごえ》をかける時《とき》に使《つか》われていたそうです。ちなみにお相撲《すもう》さんはあまり「どすこい」とは言《い》わないそうです。　※諸説《しょせつ》あり

そぼくな疑問《ぎもん》

Q7. まわしは、どうやって洗《あら》うんですか？

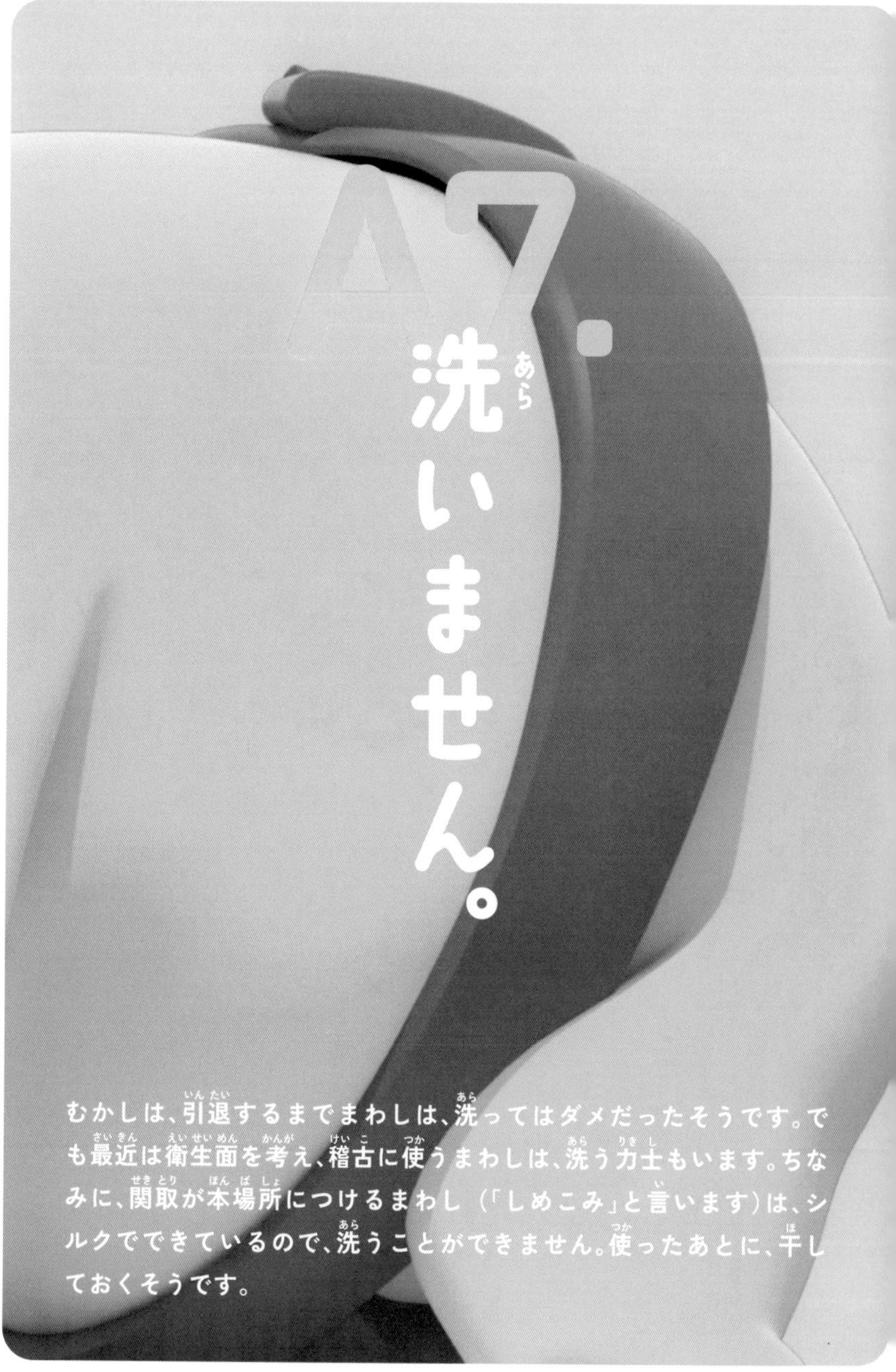

A7. 洗《あら》いません。

むかしは、引退《いんたい》するまでまわしは、洗《あら》ってはダメだったそうです。でも最近《さいきん》は衛生面《えいせいめん》を考《かんが》え、稽古《けいこ》に使《つか》うまわしは、洗《あら》う力士《りきし》もいます。ちなみに、関取《せきとり》が本場所《ほんばしょ》につけるまわし（「しめこみ」と言《い》います）は、シルクでできているので、洗《あら》うことができません。使《つか》ったあとに、干《ほ》しておくそうです。

そぼくな疑《ぎ》問《もん》

Q8. 手《て》はどのくらい大《おお》きいですか？

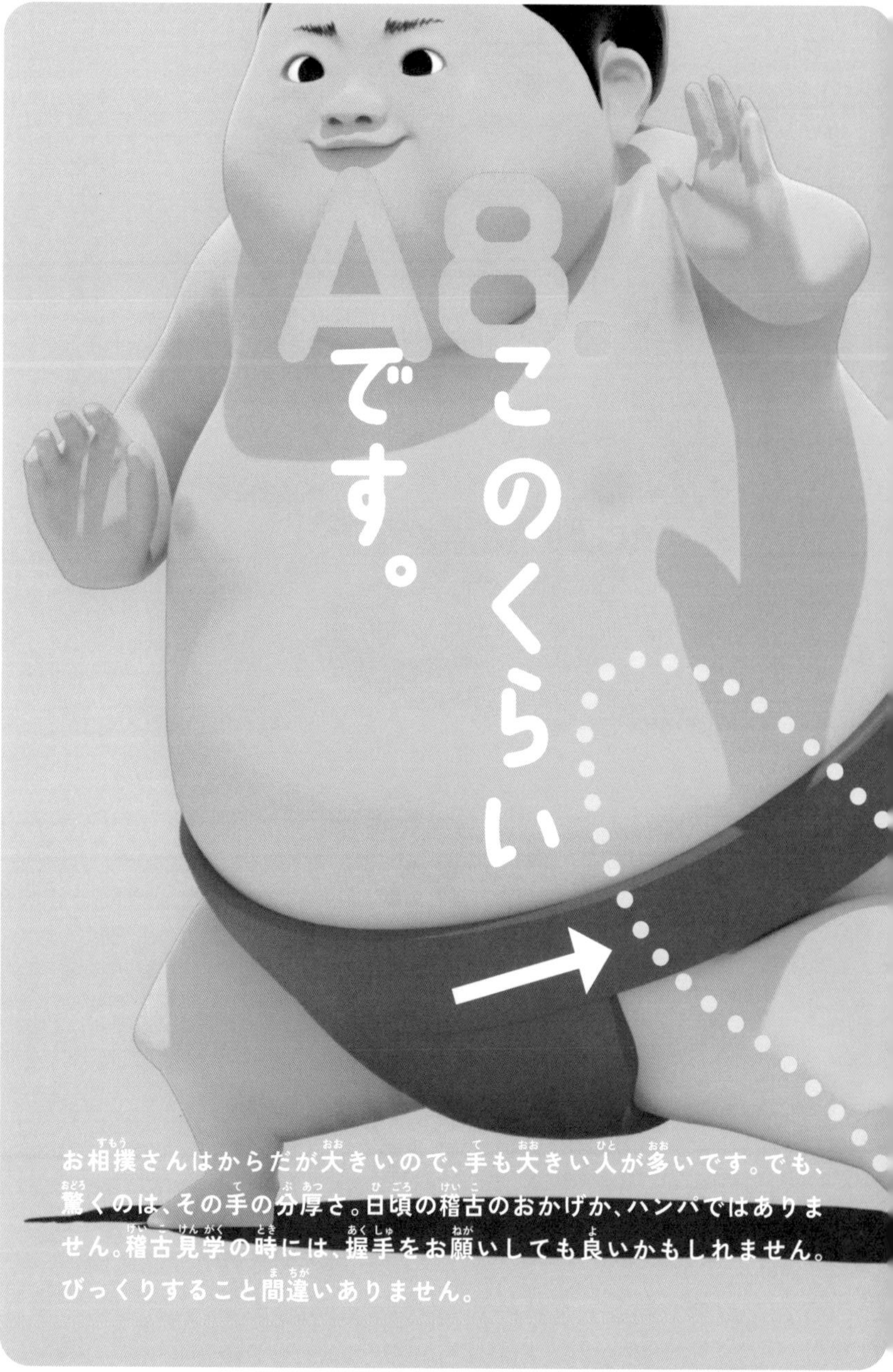

A8. このくらいです。

お相撲《すもう》さんはからだが大《おお》きいので、手《て》も大《おお》きい人《ひと》が多《おお》いです。でも、驚《おどろ》くのは、その手《て》の分厚《ぶあつ》さ。日頃《ひごろ》の稽古《けいこ》のおかげか、ハンパではありません。稽古見学《けいこけんがく》の時《とき》には、握手《あくしゅ》をお願《ねが》いしても良《よ》いかもしれません。びっくりすること間違《まちが》いありません。

読《よ》んでくれて、

ごっつぁんです。

ちゃんこを食《た》べたあとでも。先輩《せんぱい》に技《わざ》を教《おそ》わった時《とき》でも。断髪式《だんぱつしき》で親方《おやかた》に感謝《かんしゃ》を伝《つた》える時《とき》も。

「ごっつぁんです」。力士《りきし》にとって感謝《かんしゃ》を示《しめ》す大事《だいじ》な言葉《ことば》です。

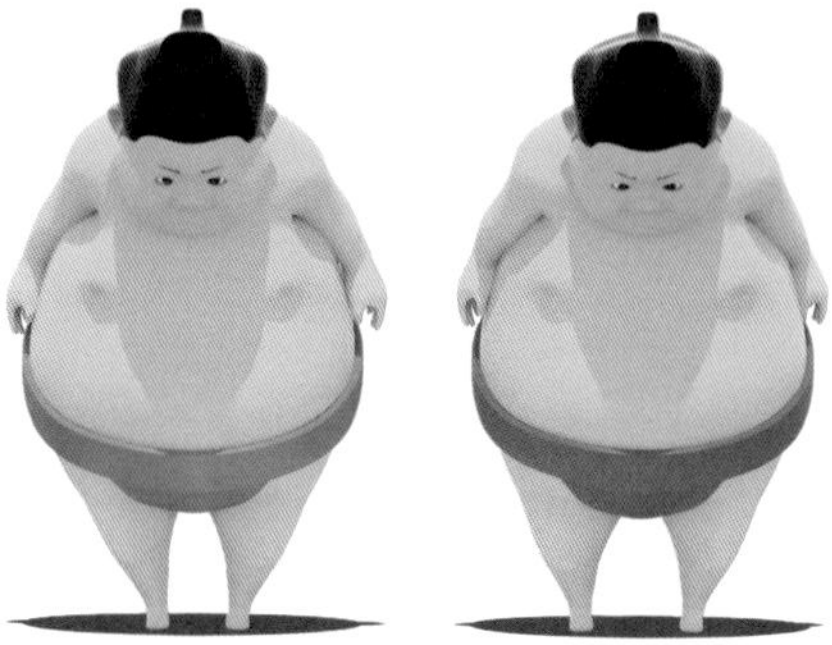

これさえ読《よ》めばだいたいわかる
相撲《すもう》のルール 超《ちょう》・初級編《しょきゅうへん》

2023年12月20日　第1版第1刷発行

著：中野良一・木谷友亮
キャラクターデザイン：荒川潤一・佐藤友哉（baboo animations）
発行人　池田哲雄
発行所　株式会社ベースボール・マガジン社
〒103-8482
東京都中央区日本橋浜町2-61-9 TIE浜町ビル
電話 03-5643-3930（販売部）
03-5643-3885（出版部）
振替口座 00180-6-46620
https://www.bbm-japan.com/

印刷・製本　大日本印刷株式会社

ISBN 978-4-583-11578-8　C0075

【参考図書・参考文献】
『櫓太鼓がきこえる』鈴村ふみ著 集英社／『大相撲の解剖図鑑』第三十四代木村庄之助・伊藤勝治監修 株式会社エクスナレッジ／『相撲のひみつ』新田一郎著 曽根愛イラスト 朝日出版社／『知れば知るほど 行司・呼出し・床山』ベースボール・マガジン社／『知れば知るほど お相撲ことば』ベースボール・マガジン社／『稽古場物語』佐々木一郎著 ベースボール・マガジン社／『大相撲語辞典』福家聡子著 木村銀治郎監修 誠文堂新光社／『全部わかる大相撲ガイド』田中亮著 成美堂出版

取材にご協力いただいた
荒汐部屋のみなさま、ありがとうございました。